W9-AOP-282

天下雜誌
觀念領先

NOTES ON STARTUPS, OR HOW TO BUILD THE FUTURE

ZERO *to* ONE

從0到1

PayPal創辦人、矽谷最具影響力的創投

Peter Thiel 彼得・提爾

與 Blake Masters 布雷克・馬斯特 合著

季晶晶 譯

目　錄

各界推薦

當一個有冒險精神的人願意寫書，就買來看。如果寫書的是彼得・提爾，就看兩遍。但是保險起見，請看三遍。因為這本書絕對是經典之作。

《黑天鵝效應》（*The Black Swan*）作者
納西姆・尼可拉斯・塔雷伯（Nassim Nicholas Taleb）

這本書傳達前所未見、耳目一新的觀念，教導如何在世界上創造價值。

臉書（Facebook）執行長
馬克・祖克伯格（Mark Zuckerberg）

　　彼得・提爾打造多家異軍突起的公司，《從 0 到 1》
說明他到底是如何做到的。

特斯拉汽車（Tesla）執行長

伊隆・馬斯克（Elon Musk）

　　《從 0 到 1》是每個想要創業與正在創業的人，都
必須優先閱讀的一本書。不可錯過。

全球首款瀏覽器發明者、網景（Netscape）創辦人

馬克・安德森（Marc Andreessen）

　　《從 0 到 1》是大企業要不斷改進提升的重要手冊，
才起步的新創事業也同樣適用。翻開閱讀，接受彼得・
提爾的挑戰，開創超乎期待的事業。

奇異（General Electric）董事長

傑夫・伊梅特（Jeff Immelt）

這本書是每個人都必讀的第一本、也是最後一本商業著作。在充滿零的世界，這本書是唯一的一。

著名科幻小說家
尼爾·史蒂芬森（Neal Stephenson）

彼得·提爾除了是成就非凡的創業家和投資人，他也是這個時代的公共知識份子領袖，閱讀這本書，你就能一探他為何能夠引領思潮。

暢銷書《大停滯》（*The Great Stagnation*）作者
泰勒·柯文（Tyler Cowen）

從 0 到 1

商業世界的每一刻都不會重演。下一個比爾蓋茲不會開發作業系統，下一個賴瑞‧佩吉（Larry Page）和謝爾蓋‧布林（Sergey Brin）不會推出搜尋引擎，下一個馬克‧祖克伯格（Mark Zuckerberg）也不可能再創社群網站。如果只是模仿這些人，你就沒有真的汲取到他們的經驗。

當然，複製別人的模式比創新事物容易。做大家都知道怎麼做的事、提供更多熟悉的東西，這是由1到n。但是，創新是由0到1。創新獨一無二，創新的時機與開創出的結果也是新鮮奇特的。

不論美國企業現在多會賺錢，如果不肯投資創新，

未來必定會沒落。等到舊有的商品系列全部微調過，把能賺的錢都賺完了，接下來怎麼辦？雖然這聽起來不太可能發生，但這結果恐怕比 2008 年金融風暴還糟。要開創未來，今日的「最佳實務作法」只是死路一條，最好還是選擇從沒嘗試過的新路徑。

　　不論在公部門還是私人企業，想在龐大的官僚行政體系中尋找新路徑，都像祈求奇蹟出現一樣希望渺茫。事實上，如果美國企業想要繼續成功，就需要成千上萬個奇蹟。這聽來有點沮喪，但人類之所以迥異於其他物種，就在於人類有創造奇蹟的能力。這個奇蹟，就是科技（technology）。

　　科技之所以神奇，是因為可以達到事半功倍的效果，逐步提升人類的基本能力。其他動物時受本能驅使建造水壩、蓋蜂窩，人類卻是唯一能創造新發明並逐步進化的物種。人類並非從給定的眾多選擇中挑選好要建造什麼，而是藉由創造新科技來改寫世界規則。這是小學二年級就教過的常識，但是在這個充斥著仿效複製的世界裡卻很容易被淡忘。

　　《從 0 到 1》談的是如何建立一個可以創新的企業。我是網路交易支付公司 PayPal 和軟體公司 Palantir 的共同創辦人，投資過臉書（Facebook）和太空運輸公司 SpaceX 等數百家新創事業，書中的內容都是我從這些經歷中學到的創新經驗。儘管我提到許多創新模式，但這本書並不會提供成功方程式。教導創業困難的地方在於原本就沒有成功方程式，因為每個創新都全新與獨特，沒有任何權威專家能開立明確的創新配方。我在那些成功者身上發現最強而有力的共同模式，就是成功者能在意想不到之處發現價值，他們的成功是因為從基本原則思考商業，而不是用成功方程式來思考。

　　這本書源自我在 2012 年史丹佛大學（Stanford University）開設的創業課程。大學生可能極度熟練幾項專長，但多數人並沒有學過如何在廣闊的世界上應用這些專業。我教這堂課的主要目的是協助學生超越學術專長的預設道路，開創更廣闊的未來。我的學生布雷克‧馬斯特（Blake Masters）詳盡記錄上課內容，在校園內外流傳，所以我跟布雷克‧馬斯特合作，把這份筆

記改寫成《從 0 到 1》這本書,獻給更廣大的讀者,我相信創新的未來不會只發生在史丹佛、大學校園或是矽谷。

1

未來的挑戰

我喜歡問面試者一個問題：「有什麼是你跟其他人有不同看法，但是你覺得很重要的事實？」

這個問題直截了當，聽起來簡單，其實很難回答。從知識上來看，這個問題並不容易，因為學校教的是大家都認同的知識。從心理層面來看，這個問題也很困難，因為想回答這個問題就必須提出非主流的看法。才思敏捷的人已經很少了，擁有膽識的人比天才更難找。

我最常聽到的回答有：

• 我們的教育制度崩壞，急需修改。
• 美國卓越超群。

• 這個世界沒有神。

這些都不是好答案。前兩個答案或許是對的，但很多人會認同。第三項答案只是在熟悉的辯論會中選定立場。一個好答案應該是這樣的形式：「大部分人都相信 x，但事實卻與 x 相反。」我會在這章後面提出我的答案。

這個反主流的問題和未來有什麼關係？簡單來說，未來是所有還沒發生的時間的集合。

但未來的獨特和重要並不是因為事情還沒有發生，而是未來的世界與今天不一樣。從這個意義來看，如果 100 年內社會沒有任何改變，那未來就在 100 年以後；如果 10 年內社會出現巨變，那未來幾乎伸手可及。沒有人能準確預測未來，但我們知道兩件事：未來大不相同，而且必定是從今日演變而來。反主流問題的眾多答案就是以不同的方式看待現在，而好的答案是讓我們窺見未來最好的方法。

▌進步不會自動產生

想到未來，我們都希望是個進步的未來。進步有兩種形式。第一種是水平或延伸式的進步（horizontal or extensive progress），這種進步是複製已經成功的方法，也就是從1到n；第二種是垂直或密集式的進步（vertical or intensive progress），這種進步是開發新的事物，也就是從 0 到 1。水平式的進步很容易想像，因為我們已經知道它的樣貌；垂直式的進步比較難想像，因為要做別人從沒有做過的事。如果你從 1 台打字機生產出 100 台打字機，這是水平式的進步；如果你從 1 台打字機做出 1 台文書處理機，那就是垂直式的進步。（見圖 1.1）

從宏觀的角度來看，水平式進步可以用一個詞來描述，那就是「全球化」（globalization），就是把某個地方的事物大量複製到每個地方。中國是全球化的典型範例。中國訂出 20 年計劃，要成為今日的美國，中國複製所有已開發國家成功的事物，直接搬到中國，包括 19 世紀的鐵路、20 世紀的空調、甚至是整個城市規劃，全

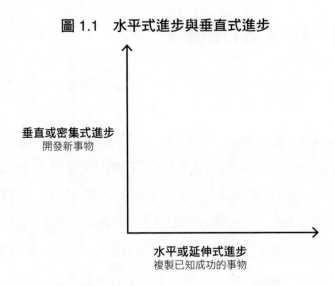

圖 1.1　水平式進步與垂直式進步

垂直或密集式進步
開發新事物

水平或延伸式進步
複製已知成功的事物

盤照抄。他們也許省略其中幾個步驟,例如不鋪設固網,直接發展無線網路,但這還是複製。

　　如果要用一個詞描述垂直式進步,那就是「科技」(technology)。幾十年來資訊科技快速發展,使矽谷成為科技之都。但是科技不只局限在電腦,正確的說,任何新的、更好的做事方式都是科技。(見圖 1.2)

　　全球化與科技發展是兩種不同的進步模式,可能同

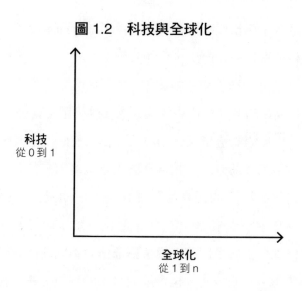

圖 1.2　科技與全球化

時發生，也有可能只發生一種進步，或是全部沒有進
展。例如，1815 到 1914 年間，科技發展和全球化均快
速推進；第一次世界大戰到 1971 年季辛吉訪問中國重
啟中美關係的期間，科技發展迅速，但全球化的進展不
多；1971 年之後，我們看到全球化加速，但是科技進步
有限，多半只有資訊科技的進步。

　　在全球化的時代，我們很容易想像數十年後全球會

更融合、更相似，連我們的日常用語也顯示我們某種程度相信科技決定歷史，例如我們把世界分為所謂的「已開發國家」和「開發中國家」，意味已開發國家已有成就，而較貧窮的開發中國家只需要隨後跟上就好。

我不認為這是正確的說法。我對前面反主流問題的答案是：大部分的人認為全球化將定義未來世界，但事實是科技發展的影響比全球化更大。如果沒有科技進步，當中國未來 20 年的能源產出增加 1 倍時，汙染也就會加倍；如果印度上億家庭都仿效美國的生活模式，只使用今天的技術，也會造成重大的環境災難。在世界各地複製舊方法來創造財富勢必會導致經濟崩壞，而不會創造富裕。世界資源匱乏，沒有新科技為奧援的全球化不可能是永續發展的方法。

從歷史來看，新科技從來不會自動產生。我們的祖先活在靜態、零和賽局的社會，掠奪別人財物占為己有就算是成功，絕少開發新的財富，長期下來一般人的生活還是很難擺脫極度的辛苦貧窮。社會從原始農耕生活開始，到中古世紀有了風車，16 世紀發明星盤，這 1 萬

年來僅有零星的進步。直到 1760 年代出現蒸汽引擎，現代社會突然經歷一連串的科技進展，一路進步到 1970 年左右，這些科技進展留給我們更富裕的社會，所創造出的財富遠超過過去任何世代的想像。

沒有一個世代像我們的父母和祖父母輩，期盼會持續進步，1960 年代末期盼 1 週工作 4 天、能源便宜到不用錢，還有可以到月球度假。但這些都沒有發生，智慧型手機讓我們分心，也讓我們忽視我們的環境還是很落後，事實上，過去半個世紀以來，只有電腦和通訊在大幅進步。這不是說上一代想像的美好未來是錯的，他們只不過不該期待事情會自動發生。現在我們面對的挑戰是，不但要想像新科技，我們還要更進一步把想像的科技創造出來，使 21 世紀比 20 世紀更和平繁榮。

▎創業思維

新科技常常來自新的冒險事業，新的探索嘗試，也就是新創事業。各個領域都有新創的嘗試。政壇有開國

元老、科學界有英國皇家科學院，在商業界則有第一個
開發出商用積體電路的快捷半導體（Fairchild
Semiconductor）的叛逆八人組，處處可見一小群人因為
使命感而結合，努力讓世界變得更美好。

　　為什麼總是由一小群人開始改變，最簡單的解釋乍
聽之下不太正面，這顯示新事物難以在大型組織中發
生，但是要靠一人一己之力更難。官僚組織的行動緩
慢，而既得利益者不願意冒險。在無法運作的組織裡想
要升官加薪，告訴別人你在工作，比真的捲起袖子做事
更重要。（如果你的公司是這樣，你現在就該辭職離
開。）另一方面，天才雖然可以獨力完成經典的藝術或
文學作品，卻不能獨力創造整個產業。新創事業的運作
原則就是必須和其他人合作完成工作，而且組織要小到
能讓所有事情順利運作。

　　正面來看，新創事業是說服一群人一起規劃建立一
個不同的未來。新企業最重要的優勢就在新思維，新思
維甚至比聰明更重要，小規模才有思考的空間。這本書
所要談的，就是成功創新必須要問、也必須要回答的問

題。接下來的內容不是一份簡介或知識手冊，而是一個思考練習。因為新創事業要做的事，就是必須質疑你的構想，從零開始重新思考。

2

1999 年的教訓

有什麼是你跟其他人有不同看法，但是你覺得很重要的事實？這個反主流問題很難直接回答。也許換個角度思考會容易一些：什麼是大家都同意的事？德國哲學家尼采（在發瘋前）寫道：「瘋狂少見於個人，但在團體、政黨、國家和時代來說卻是常態。」如果能找出一個讓大眾產生妄想的看法，也就能找到隱藏在背後「反主流的事實」。

思考一個基本命題：開公司就是要賺錢，不是賠錢。對任何會思考的人來說這是很明顯的事實，但對很多 1990 年代晚期的人來說並不明顯，當時的任何損失都可以說成是對美好未來的投資。「新經濟」的傳統智

慧認為，瀏覽人次才是權威，更有遠見的財務判斷標準，遠勝過獲利這麼不足為奇的東西。

回頭來看，這樣的傳統信念太過武斷而且錯誤百出，一旦信念崩解，舊的信念就成為泡沫。但泡沫造成的扭曲不會因為泡沫破滅消失。1990 年代的網路狂熱是 1929 年以來最大的泡沫，從中學到的教訓重新定義今日的科技，但是也幾乎扭曲了所有的想法。保持思路清晰的首要步驟，就是質疑自己。我們不一定真的了解過去。

▌1990 年代網路熱

1990 年代在世人心中有著不錯的形象。我們記得那是繁榮和樂觀的 10 年，只不過最後以網路榮景和泡沫破滅收場。但其實那些年不如許多懷舊筆觸描繪得那麼令人愉悅，我們早就忘記最後 18 個月網路狂熱時的全球氛圍。

1989 年 11 月柏林圍牆倒塌後，1990 年代歡欣鼓舞

地登場，但這種情緒很短暫。到了 1990 年代中期，美國陷入衰退。技術上來說，經濟衰退在 1991 年 3 月結束，但復甦緩慢，到 1992 年 7 月失業率還在持續上升。製造業還沒有完全反彈，轉型至服務業的過程漫長又痛苦。

1992 年至 1994 年底的社會瀰漫抑鬱的氛圍。美國大兵死在索馬利亞摩加迪休（Mogadishu）的影像不斷在電視新聞重播。因為工作機會流向墨西哥，美國社會對全球化和競爭的焦慮升高。悲觀氣氛暗潮洶湧，導致第 41 任總統喬治‧布希（George Bush）在 1992 年追求連任失敗而黯然下台，知名企業家羅斯‧裴洛（Ross Perot）獲得近 20％的選票，這是自 1912 年老羅斯福總統（Theodore Roosevelt）以來，第三黨候選人的最佳表現。不管對超脫樂團（Nirvana）、電子吉他音樂和海洛因的文化迷戀反映出什麼意義，反映出來的氛圍都不會是希望和信心。

那時的矽谷也步履蹣跚，日本看著就要贏得半導體戰爭。網際網路還沒起飛，部分原因是直到 1992 年才

開放商業用途，部分原因是缺乏容易使用的網路瀏覽器。1985 年我進史丹福大學念書時 ，最熱門的是經濟系，不是資訊系，反映的就是這件事。對校園裡大部分的人來說，科技業只屬於某些專家或特定人士。

最終，網路還是改變一切。馬賽克瀏覽器（Mosaic）在 1993 年 11 月正式推出，一般人都可以連線上網。馬賽克後來成為網景（Netscape），在 1994 年晚期推出導航者（Navigator）瀏覽器。導航者的市占率迅速攀升，從 1995 年 1 月的接近 20％，不到 1 年擴大至將近 80％。因此，網景雖然還沒開始獲利，仍能在 1995 年 8 月上市。網景的股價在 5 個月的時間從每股 28 美元上一路衝到 174 美元。其他科技公司也欣欣向榮，雅虎（Yahoo!）在 1996 年 4 月上市，市值 8.48 億美元；亞馬遜（Amazon）隨後在 1997 年 5 月上市，市值 4.38 億美元。在 1998 年春季之前，每家公司的股票都漲超過 4 倍。有人質疑這些公司的營收和獲利比其他沒賺錢的公司來得高太多，很容易就得出市場陷入瘋狂的結論。

　　這個結論可以理解，但卻不太妥當。在泡沫實際破滅的 3 年多前，也就是 1996 年 12 月，當時的聯準會（Fed）主席艾倫・葛林斯班（Alan Greenspan）警告：「非理性繁榮」可能已經「不當增加資產價值」。科技股投資人意氣風發，卻沒有明顯出現不理性的行為，在當時，很容易忽略世界其他地區的經濟發展並不順利。

　　東亞金融風暴在 1997 年 7 月來襲。裙帶資本主義和巨額外債搞垮泰國、印尼和南韓經濟。1998 年 8 月，俄羅斯金融危機緊接而來，主要是俄羅斯常年的財政赤字導致貨幣重貶，並發生債務違約。美國投資人擔心這個擁有千枚核子彈頭的國家沒有錢還債，道瓊工業指數在幾天之內重挫超過 10%。

　　大家擔心的沒錯。俄羅斯金融危機引發連鎖反應，拖累高槓桿操作的美國避險基金業者長期資本管理公司（Long-Term Capital Management）。長期資本管理公司在 1998 年下半年就虧損 46 億美元，而且在聯準會介入紓困和降息，防範系統性危機時，仍有超過 1000 億美元的負債；歐洲也沒好到哪裡，歐元 1999 年 1 月問世

時飽受批評且備受冷落，歐元問世第一天升值至 1 歐元兌 1.19 美元，但兩年不到就貶值到 1 歐元兌 0.83 美元。七大工業國的央行在 2000 年中投入數百兆美元才得以支撐歐元的匯價。

所以 1998 年 9 月開始的短暫網路熱，是因為這個世界沒有其他更有前景的事，舊經濟並無法處理全球化的挑戰。如果想要未來更好，就必須找到行得通的方法，而且要處處行得通。間接證據顯示，網路新經濟是唯一的進步途徑。

▍矽谷淘金熱

網路熱強烈而短命，從 1998 年 9 月開始到 2000 年 3 月只有 18 個月，這是矽谷的淘金熱，每個地方都有滿滿的錢，而且還有心術不正的人在搶錢。每週都有十幾家新創公司爭辦奢華餐宴，可是真正的創新公司反而很少見。上千美元的晚宴由紙上千萬富翁買單，並嘗試用新創公司的股票付錢，有時還真的有效。一群人放棄原

本的高薪工作，開公司或加入新創事業。一個我認識的
40 多歲研究生在 1999 年經營 6 家不同的公司。40 歲的
研究生常被認為是怪胎，一次創辦 6 家公司也常被認為
是很奇怪，但在 1990 年代晚期，大家相信這些特質是
成功的組合。每個人都該知道這種風潮不可能持續；
「最成功」的公司擁抱的經營模式某種程度上卻違反基
本商業原理，愈成長公司愈虧錢。但很難去責備這些隨
音樂起舞的人，在公司名字後面加上「.com」就能讓市
值在一夜間翻倍，不理性也變成理性了。（見圖 2.1）

▌PayPal 的狂熱經驗

我在 1999 年底經營 PayPal 時真是嚇壞了，不是因
為我不相信自己的公司，而是因為矽谷的每個人似乎都
相信所有事會發生。環顧四周，矽谷人在一片驚訝聲中
輕易的創業、調整公司。有個熟人告訴我他如何在自家
客廳計劃公司上市，而且不認為這有多奇怪。在這種環
境下，理智做事反倒有些反常。

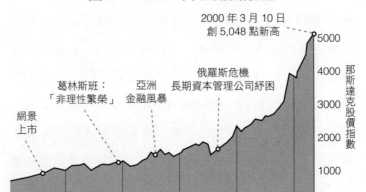

圖 2.1　1990 年代的網路狂熱

一片瘋狂中，至少 PayPal 有重大的使命：我們想創造新的網路貨幣，取代美元。後泡沫期的懷疑論者形容 PayPal 當時有雄心壯志。我們的第一項產品可以讓大家把錢從一台掌上型電腦 PalmPilot 傳到另一台。可是這個產品沒有人在用，甚至還被記者選為 1999 年 10 大最爛的商業構想。PalmPilot 當時仍然太新潮，不過電子郵件已經很普遍，所以我們決定開發一個電子郵件支付系

統。

　　到 1999 年秋季，我們的電子郵件支付系統已經運作得很順暢，每個人都能登入我們的網站，輕鬆轉帳。但是我們的客戶不夠多，成長緩慢且費用大增。PayPal 如果要順利運作，至少要有百萬用戶的規模。登廣告招攬客戶投資大、但成效有限；和大型銀行談合作又屢屢破局，所以我們決定付錢請大家登錄使用。

　　每位客戶一登錄，我們就給 10 美元，而且只要他們推薦一位朋友還可以再得 10 美元，這讓我們馬上增加數十萬個新用戶，使用者倍數成長。當然，這種搶客策略難以持久，當你付錢找客人，成本也會跟著倍數成長的用戶倍數暴增。超高成本是矽谷當時的典型狀況，但我們認為這個策略是理智的：在大量用戶的基礎上，PayPal 只要在用戶交易時收取小額費用就可以獲利。

　　我們知道還要更多資金才能達成這個目標，也知道榮景快要結束。因為不期待投資人對公司的使命有信心，讓我們撐過即將到來的網路崩盤，我們必須儘速募款。2000 年 2 月 16 日《華 爾 街 日 報》（*Wall Street*

Journal）刊登一則報導，讚賞我們的快速成長，估計 PayPal 價值 5 億美元。隔一個月，我們募到 1 億美元，最大的投資人就是把《華爾街日報》的粗略估計當成權威資料。其他投資人更急於投資，一家南韓業者沒有事先談好投資條件、沒有簽署任何文件就匯來 500 萬美元，我想歸還這筆錢，對方還不肯告訴我們該把錢匯去哪裡。2000 年 3 月的增資替我們爭取到 PayPal 成功需要的時間，而當我們完成增資，泡沫也破滅了。

▎錯誤的經驗教訓

「因為他們說派對在 2000 年午夜 12 點結束，哇！沒時間了！所以，今夜，我要像 1999 年一樣狂歡作樂！」　　　　　　　　　　　　　　王子（Prince）

那斯達克指數在 2000 年 3 月中漲至 5048 的最高點，但 4 月中重挫至 3321 點。在 2002 年 10 月續跌至 1114 點觸底反彈前，全國上下早已將股市崩盤解讀為這是諸

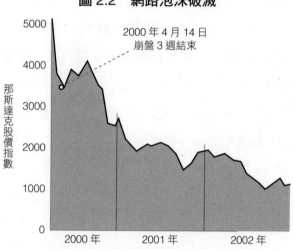

圖 2.2 網路泡沫破滅

神對 1990 年代科技樂觀主義的審判。（見圖 2.2）那個充
滿希望的時代重新被標示為瘋狂貪婪的時代，並且被宣
告永久結束。

　　每個人都學到，未來根本不確定，任何提出年度計
劃，而非單季計劃的人，都該被當作極端分子不予理
會。全球化從此取代科技成為未來的希望。因為 1990
年代「由實體走向虛擬」（from bricks to clicks）的遷徙

不如預期成功，許多投資人重回實體的房地產市場，以及代表全球化浪潮的金磚四國（BRICs，即巴西、俄羅斯、中國、印度）。結果是造成另一場泡沫，這次發生在房地產市場。

受困矽谷的創業家從網路泡沫破滅中學到四大教訓，至今仍然引領今日的商業思維：

1. **循序漸進**：宏大的願景吹大了泡沫，所以不應該對這些願景過份放縱。任何宣稱能做大事的人都是嫌疑犯，每個想改變世界的人都應該更謙卑。小幅、循序漸進是唯一安全前進的道路。

2. **保持精簡有彈性**：所有公司都必須維持組織「精簡」，這是「沒計劃」的代名詞。你不知道你的事業會變成什麼，事先規劃既自大又沒彈性。反之你該多加嘗試，「反覆試驗」，把創業看成不可知論者的實驗。

3. **面對競爭求取進步**：別想太早創造新市場。唯一確信生意做得起來的方法是先爭取已經存在的顧

客，所以你應該從改善成功競爭者的知名產品來
開始創立你的公司。

4.**專注在產品，而非專注銷售**：如果你的產品需要
打廣告或靠推銷員才賣得出去，那就不夠好：科
技應該主打產品開發，而非銷售物流。在泡沫時
代打廣告顯然很浪費，唯一的永續成長是爆發性
成長。

這些經驗教訓已經成為創業圈的信條，置之不理的
人很可能招來和 2000 年美股大崩盤、科技股重挫的相
同厄運。但相反的原則可能更正確：

1. 大膽冒險比無聊瑣碎好。
2. 壞計劃比沒計劃好。
3. 競爭市場賺不到錢。
4. 銷售與產品一樣重要。

沒錯，科技業曾有泡沫。1990 年代晚期是自大的時

期，大家信奉從 0 到 1，但幾乎沒有新創事業真正抵達
目標，許多人一直停留在只說不做的階段。大家了解
到，除了找到事半功倍的方法外，我們別無選擇。2000
年 3 月股市創新高顯然是狂熱攀抵顛峰的時候；比較不
明顯但更為重要的是，2000 年 3 月也是最清晰的時刻：
大家展望未來，看見我們需要多少珍貴新科技才能平安
抵達目標，並且相信自己有能力創造出新科技。

我們仍然需要新科技，可能還要 1990 年代的自大
和活力才做得到。要創立新一代的公司，我們就必須放
棄泡沫破滅後形成的信條。這並不代表相反的概念就自
動是對的，武斷拒絕這些信條並無法擺脫群眾狂熱。相
反地，應該要省思自己對商業的認知有多少是受到以往
犯錯的影響而造成的錯誤反應。最與眾不同的作法是別
和群眾唱反調，但要自己思考。

3

打造有創意的獨占企業

第二章一開始問的反主流問題有商業版：**哪些有價值的公司還沒有創立？**這個問題比字面意義還難，因為你的公司可能創造一大堆產值，但本身卻不是很有價值。光是創造產值還不夠，你還必須抓得住你創造出來的部份產值。

這代表即使是大型公司都有可能經營不善。例如美國航空業每年服務數百萬名乘客，創造出數千億美元的產值。但是在 2012 年單程機票的平均價格降至 178 美元的時候，航空公司只能在每位乘客身上賺到 37 美分；相較之下，Google 創造的產值雖然較小，卻能留住較多的利潤。Google 在 2012 年的營收是 500 億美元（遠低

於航空業者的 1600 億美元），其中留下 21％的利潤，
這超過航空業毛利率的 100 倍。Google 超會賺錢，現在
的市值已經比美國航空公司總市值 3 倍還高。

　　航空業者必須彼此競爭，Google 則是一家獨大。經
濟學家以兩種簡化模式來形容這個差異：完全競爭和獨
占事業。

　　經濟學入門的第一堂課把「完全競爭」視為是一個
理想的預設狀態，所謂的「完全競爭」就是生產者供給
符合消費者需求的平衡狀態。在一個競爭市場，每家公
司都一樣，銷售同樣的產品。由於沒有一家公司有市場
影響力，他們都必須以市場決定的價格出售產品。只要
有利可圖，新公司就會加入市場，增加供給，壓低售
價，最初吸引他們加入的利潤因此減少。如果太多公司
進入市場，就會產生虧損，一些公司會倒閉，而價格則
會回升至公司可以存活的水準。**在完全競爭下，長期來
看，沒有公司可以得到經濟利潤**（economic profit）。

　　完全競爭的相反就是獨占。一家和別人競爭的公司
必須以市場價格出售產品，但獨占企業擁有市場，可以

自行訂價。因為沒有競爭，這家公司可以在利潤最大化下決定產量和產品價格。

對經濟學家來說，不管是惡意消滅競爭對手、向政府申請特許執照，或是力求創新達到事業高峰，每個獨占事業看來都一樣。在這本書裡，我們對非法恫嚇或政府偏袒的企業不感興趣，講到「獨占」，我們指的是業務精熟到沒有其他同業能提供相近替代品的公司。Google 是從 0 到 1 的絕佳範例：從 2000 年代初期，Google 就已經拉開和微軟（Microsoft）與雅虎的差距，在搜尋領域沒有遇到競爭對手。

美國人把競爭當神話，認為競爭可以拯救民眾免於陷入社會主義國家排隊領麵包的窘境。事實上，資本主意和競爭的概念恰恰相反。資本主義需要先累積資本，但在完全競爭下，所有利潤都將因競爭而消失。創業家顯然應該學到，**如果想要創造、並長久留住價值，不應該建立一個沒有差異化的產品模式**。

每個企業都會說謊

這個世界有多少獨占市場？有多少是真的完全競爭市場？這很難說，因為我們平常的討論也很混亂。對外部觀察者來說，所有企業似乎都很像，只能看出些微差異，如圖 3.1。

但實際狀況比圖 3.1 的情況更兩極。完全競爭和獨占之間有極大的差異，而且大部份的企業比我們想像的更靠近其中一個極端，如圖 3.2。

會產生混淆的原因是大家都從自私的角度描繪市場狀況，處於獨占或競爭市場的業者都有動機扭曲事實。

獨占企業為自保而說謊

獨占企業撒謊是為了自保。他們知道誇口壟斷會引來查核、監管和抨擊。因為想要持續保有獨占利潤，他們通常會誇大（根本不存在的）競爭，想盡辦法掩飾獨占地位。

想想 Google 如何形容它的事業？當然不能承認它

圖 3.1 完全競爭與獨占好像沒什麼差別

圖 3.2 完全競爭與獨占實際上差很多

是獨占企業,但到底有沒有獨占市場呢?要看情況而定,是在什麼地方獨占?我們說 Google 主要業務是搜尋引擎。2014 年 5 月,Google 在搜尋市場的占有率約68%。微軟和雅虎是最接近的競爭者,市占率分別是19%和10%。如果這樣還不算主導市場,那想想看,「google」已經是《牛津英文辭典》(*Oxford English Dictionary*)正式收錄的動詞,這種事可沒有發生在微

軟開發的搜尋引擎 Bing 身上。

但如果我們說 Google 主要是廣告公司，那情況就會完全不一樣。美國搜尋引擎廣告市場規模 1 年 170 億美元，網路廣告市場 370 億美元，全美廣告市場 1500 億美元，全球廣告市場 4950 億美元。所以即使 Google 完全壟斷美國的搜尋引擎廣告市場，在全球廣告市場的占有率只有 3.4％。從這個角度看，Google 在競爭激烈的全球市場還只是小咖。（見圖 3.3）

如果把 Google 看成多角化經營的科技公司呢？這似乎很合理，除了搜尋引擎，Google 還生產數十種軟體產品，包括自動駕駛汽車、Android 手機，以及可穿戴裝置。但 Google 有 95％的營收來自搜尋廣告，其他產品在 2012 年僅帶來 23.5 億美元的營收，而且消費性電子產品的貢獻極低。由於全球消費性電子產品市場規模有 9640 億美元，Google 占不到 0.24％，根本沒什麼影響力，遑論獨占。Google 將自己描述成一家科技公司，因此得以躲過別人不必要的注意。

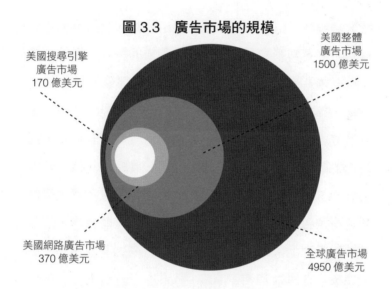

圖 3.3　廣告市場的規模

美國搜尋引擎
廣告市場
170 億美元

美國整體
廣告市場
1500 億美元

美國網路廣告市場
370 億美元

全球廣告市場
4950 億美元

非獨占企業因自欺而說謊

　　非獨占的企業說的謊恰好相反，他們會說：「我們
獨霸一方。」創業家對競爭態勢總是輕描淡寫，但那是
新創事業會犯下的最大錯誤。 創業家的致命誘惑是把市
場描述得很窄，表現出主掌大局的樣子。

　　假設你想在加州帕羅奧圖市（Palo Alto）開一家專
門提供英國菜的餐廳，你可能覺得沒有其他人做，市場

完全屬於你。但這個講法只有限定在英國食物市場才是
對的。萬一真正的市場是帕羅奧圖市的餐飲市場呢？萬
一附近城鎮的所有餐館也都是市場的一部分呢？

　　這些都是困難的問題，但更大的問題是，你根本沒
有動機去問這些問題。當你聽到大部分的新餐廳在 1 到
2 年就會倒閉，你會直覺地解釋你的餐廳不一樣。你會
花時間試著說服大家你很傑出，而不是慎重考慮這個傳
聞是不是對的。其實更好的作法應該是暫時喊停，想清
楚帕羅奧圖市人對英國菜的喜好是否高過其他食物，很
可能沒有這種人呢。

　　2001 年，我和 PayPal 的同事常到山景市（Mountain
View）卡斯楚街（Castro Street）吃午餐。我們挑餐館
的方式是先從菜系開始，像是印度菜、壽司或漢堡。確
定菜系之後再從眾多選擇中挑選，如北印度菜或南印度
菜、平價或高檔餐廳，諸如此類。相較於地方餐廳市場
競爭激烈，PayPal 在當時是全球唯一開發電子郵件支付
系統的公司。我們雇用的員工比卡斯楚街上的餐館少，
但我們的事業價值比那些餐館加總起來還高。開一家南

印度菜餐廳真的是很辛苦的賺錢方法。如果沒看清楚競爭的現實狀況，僅專注在微小差異（像是你可能因為有曾祖母的食譜，印度烤餅做得比別人好），這個生意不太可能撐得下去。

　　創意產業的運作方式也是如此。沒有劇作家願意承認新的電影劇本只是改寫過去的老梗。相反地，他們會極力推銷：「這部電影以全新手法，揉合各種引人入勝的元素。」這或許是真話。假設她們的構想是找美國嘻哈歌手傑斯（Jay-Z）主演一部融合《網路駭客》（*Hackers*）和《大白鯊》（*Jaws*）的電影，故事是饒舌歌星加入高手駭客集團，逮到殺害好友的鯊魚。這絕對是以前沒有看過的電影。但就像帕羅奧圖沒有英國餐館一樣，可能是有原因的。（見圖 3.4）

　　非獨占者把自己所在的市場定義為很多小市場的「交集」，來誇大自身獨特性。

英國市場　∩　餐館　∩　帕羅奧圖市

饒舌歌手　∩　駭客　∩　鯊魚

圖 3.4　你的市場是交集還是聯集？

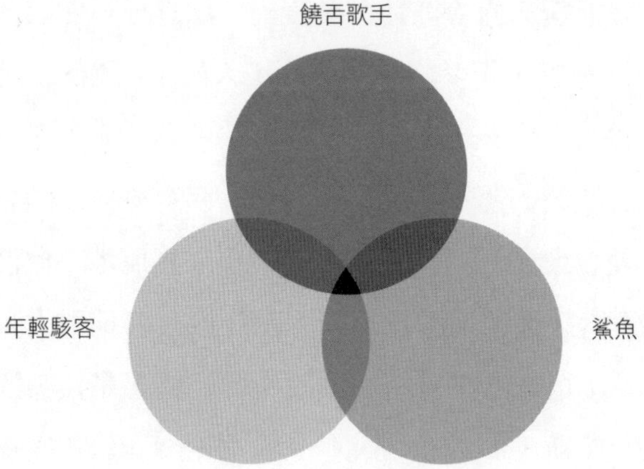

饒舌歌手

年輕駭客

鯊魚

　　相反地，獨占者為了掩飾獨占地位，把他們的市場
描述成幾個大市場的「聯集」。

搜尋引擎　∪　手機　∪　穿戴裝置
電腦　∪　自動駕駛車

　　在實務上，獨占者的聯集故事看來如何？想像

Google 董事長艾瑞克・施密特（Eric Schmidt）出席
2011 年國會聽證會的陳述：

> 我們面對極度激烈的競爭環境，消費者有許多取得
> 資訊的選擇。

把這個公關說法翻譯成白話就是：

> Google 是大池塘的一尾小魚，我們隨時都可能被整
> 隻吞下肚，我們不是政府想找的獨占事業。

▌競爭讓市場殘酷無情

　　生意競爭激烈的問題不僅是缺少利潤而已。想像你
負責山景市一家餐廳的營運。你和數十家同業沒有太大
的不同，所以你必須奮力求生。如果你提供低毛利的平
價食物，可能只能付最低工資給員工，還必須盡可能擠
出更多效率，這是為什麼小餐廳會請老婆婆站收銀台，

小孩在後面洗碗。就算高檔餐廳也好不到哪兒去，米其林星級評鑑系統採用一種可能逼瘋主廚的競爭文化。法國主廚、米其林三顆星得主伯納德‧盧瓦索（Bernard Loiseau）這樣說：「如果丟掉一顆星，我會自殺。」雖然米其林維持他的餐廳評等不變，但他還是在 2003 年自殺了，因為另一個法國餐飲指南把他的餐廳降級。競爭的生態環境逼得大家變得殘酷無情，走上絕路。

像 Google 這種獨占事業不一樣，因為它不用擔心和別人競爭，有較多的自由可以關心員工、關心產品，以及關心對廣大世界的影響。Google「不作惡」的信條某種程度是個品牌策略，但同時也是一種企業特質，因為事業已經成功到足以嚴肅看待道德議題，而不會危及公司的永續發展。**在商業世界，錢經常就是一切，或至少是非常重要**。獨占者能考慮賺錢以外的事，非獨占者不能。在完全競爭下，企業會專注在今天的利潤，因此無法規劃長遠的未來。只有一件事可以讓企業超越求生的日常殘酷廝殺，就是取得獨占利潤。

▌獨占可以帶動進步

所以，獨占對產業內的每個人都是好事，但在產業外呢？豐厚的利潤是來自社會上其他人付出的代價嗎？沒錯，**利潤來自顧客的錢包，獨占事業理當留下壞名聲，但這只有在一成不變的世界如此。**

在靜態世界，獨占者只是收租人。如果你獨占市場，就可以提高價格，其他人別無選擇，只能跟你買。就像知名的桌遊一樣，房地契在玩家手中轉來轉去，但遊戲規則永遠不變，你無法靠發明更好的房地產開發方法而贏得比賽。當房地產的相對價值永遠固定不變的時候，你唯一能做的，就是把它們全部買下來。

但我們生活在變動的世界裡，有可能發明出更好的新事物。創意的獨占者可以藉著增加豐富的新產業，提供顧客更多選擇。創意的獨占者不僅對社會有利，還是讓社會變得更美好的強力發動機。

就連政府都知道創意獨占的好處，這是為什麼美國政府即使有個部門打擊獨占事業（反托拉斯案件調

查），也有另一個部門會努力輔助獨占事業（對新發明授予專利）。我們可以質疑第一個提出好點子的人（如設計手機軟體）是否該獲得法律保護的獨占地位，但很明顯地，像蘋果公司（Apple）從 iPhone 手機的設計、生產和行銷所獲得的獨占利潤，不是因為供給不足、物以稀為貴，而是因為創造出更多的豐富性而獲利，消費者樂於支付更高的價格，因為終於得到滿足他們需求的智慧型手機。

新獨占事業帶來的改變，說明了為什麼獨占事業不會扼殺創新。有蘋果的 iOS 打頭陣，行動運算的崛起已經大幅削減微軟作業系統長達數十年的霸主地位。在這之前，IBM 在 1960 年代和 1970 年代的硬體霸業被微軟的軟體獨占追趕過去。在 20 世紀大部分時間裡，美國都是由 AT&T 壟斷電話服務，但現在每個人都能在不同的電信公司找到便宜的手機資費方案。如果獨占事業有阻礙進步的傾向，他們就可能有害，我們就有權利反對。但是人類的進步史就是更好的新獨占事業取代舊獨占事業的歷史。

　　獨占會帶動進步，因為長達數年甚至數十年的獨占利潤提供強大的發明誘因。然後，獨占可以讓發明持續，因為利潤讓他們得以擬定長程計劃，投資在競爭公司無法想像、野心勃勃的研發計劃。

　　那為什麼經濟學家會把競爭視為理想狀態？這其實是歷史遺風。經濟學家從 19 世紀物理學家的研究成果中借來數學演算，把個人和企業視為可交換的原子，而非獨特的創造者。他們的理論把完全競爭描述為均衡狀態，這是因為這樣的模型比較容易建立，不代表這是事業發展的最佳狀態。但值得記住的是，19 世紀物理學預測的長期均衡是所有能量平均分配、所有事物靜止的狀態，也就是宇宙熱寂說。不管你對熱力學的看法是什麼，這都是很強的隱喻：在商場上，均衡意味靜態，而靜態意味死亡。如果你的產業處於競爭均衡狀態，你的事業倒閉對這個世界並沒有什麼影響；其他大同小異的競爭者永遠準備好取代你的位置。

　　完美的均衡也許可以描述充斥在大部分宇宙的虛無狀態，甚至可以用來描繪許多企業的特性。但每個新發

明的出現都和均衡相差甚遠，在經濟理論外的真實世界，每個成功企業都恰好做到「別人做不到的事」。因此獨占不是一種病徵或例外狀況，**獨占是每個成功企業的寫照。**

　　俄國小說家托爾斯泰的《安娜・卡列妮娜》（*Anna Karenina*）是從一個觀察開場：「幸福的家庭全都非常相似，不幸的家庭則各有不幸。」企業恰恰相反，成功的企業長得都不一樣，每家公司靠解決一個獨特的問題而贏得獨占地位；倒閉的企業則都一樣，無法從競爭中逃脫。

4

競爭的迷思

創意的獨占意味的是新產品讓大眾受益，為創新者帶來長期利潤，競爭意味大家都沒有利潤，產品沒有實質差異，而且必須掙扎求生。那為什麼大家還相信競爭是健康的呢？答案是，競爭不只是一個經濟概念，或簡單到只是公司和個人在市場上必須面對的困難。更重要的是，**競爭是一種意識型態，一種充斥在我們的社會，扭曲我們想法的意識型態**。我們鼓吹競爭、內化競爭的必要，而且制定相關法規，結果我們把自己困住，即使我們的競爭愈來愈多，我們得到的卻愈來愈少。

這就是實情，但我們被訓練到忽略這個事實。我們

的教育體系反映並促成我們對競爭的癡迷，分數讓我們可以精準測量每個學生的競爭力，成績最高的學生得到地位和證書。我們以類似的方法教導每個年輕人追求相同的目標，不問個別的天份和喜好。無法一直坐在書桌前學習的學生感覺自己技不如人，而在考試和作業等傳統評量中表現出色的小孩，最後則在有著奇怪設計、與現實世界沒有交集的學術界裡證明他們的存在。

等到這些學生進入高等教育的競賽，情況變得更糟。菁英學生充滿自信地往上爬，直到競爭激烈到粉碎他們的夢想為止。高等教育是一場困局，高中時代胸懷大志的學生與聰明程度不相上下的同儕激烈對抗，爭取管理顧問和投資銀行等傳統的職場生涯。為了取得特權，他們成為保守人士，他們（或他們的家庭）付出數十萬美元的學費，而且學費的漲幅持續超過通膨。為什麼我們要這樣折騰自己？

但願我年輕時問過自己這個問題。我過去選擇跟大家一樣的路，8 年級紀念冊上就有朋友正確預言 4 年後我會跳級進入史丹福大學。經過傳統成功的大學生活

後，我申請到史丹福法學院，努力爭取成為人生勝利組。

在法學院學生的世界，最高榮譽很清楚：在每年畢業的數萬名學生中，爭取只有數十人才可以進入的最高法院。在聯邦上訴法院工作一年後，我受邀面試，爭取成為最高法院大法官甘迺迪（Justice Kennedy）和史格里亞（Justice Scalia）的助理。我和兩位法官相談甚歡，差一點就贏得這個職務。我想如果我得到那個工作，我這一生就定下來了。但我沒有得到那份工作，我深受打擊。

2004 年，在我賣掉創辦的 PayPal 之後，巧遇一位法學院的老友，就是他幫我準備爭取那次的法官助理工作。我們將近十年沒聯絡。他講的第一句話不是「你好嗎？」或「真不敢相信時間過得這麼快」，他反而笑著問我：「彼得，現在是不是很高興當時沒有得到那份工作？」後見之明讓我們很清楚，如果真的贏得那個職務，我的人生只會變得比較糟。如果我真的到最高法院上班，我的整個職業生涯很可能都在採錄證詞，或為某個人的商業交易草擬合約，而不是創造新東西。很難說

到底有多麼不一樣，但是至少機會成本非常高。就像所有得到羅德獎學金的「羅德學者」（Rhodes Scholars）都有前程似錦的期待。

▍競爭是破壞的力量

教授輕描淡寫地描述學術圈的割喉文化，經理人卻老將商場比作戰場。MBA 學生隨時帶著《戰爭論》與《孫子兵法》。戰爭的隱喻滲入日常商業用語：我們利用「獵人頭」來建立銷售「大軍」，讓我們「擄獲市場」、「狂撈一票」。但經營生意並不像戰爭，競爭才像戰爭，而且競爭被宣稱有必要、讓人感覺很英勇，可是卻有破壞性。

為什麼大家要彼此競爭？馬克思（Karl Marx）和莎士比亞（Shakespeare）提供兩種模型，可以讓我們理解所有形式的衝突。

根據馬克思的說法，人們會打架是因為他們不一樣。無產階級與資產階級鬥爭，因為他們有完全不同的

理念和目標（對馬克思來講，起因是他們有非常不同的物質環境）。差異愈大，衝突愈大。

對莎士比亞來說則恰恰相反，所有戰士多少都有相似之處。他們爭戰不休的理由並不清楚，因為根本沒什麼好爭的。想想《羅密歐和茱麗葉》（*Romeo and Juliet*）一開始就說：「這是兩個同樣尊貴的家族。」兩家人很像，但他們彼此憎恨。隨著仇恨升高，他們甚至變得更相像，到最後，已經沒有人記得最早他們為什麼鬥爭。

至少在商場，莎士比亞的說法比較貼切。在公司，員工為了升遷，全心注意競爭對手動態，公司也留心市場競爭者。在所有人類衝突的劇碼中，大家都會忽略重點，只注意對手。

讓我們把莎士比亞的模型拿到真實世界測試一下。想像有齣叫《蓋茲與施密特》（*Gates and Schmidt*）的戲，改編自《羅密歐與茱麗葉》。羅密歐的蒙太古家族（Montague）是微軟，茱麗葉的卡普雷特家族（Capulet）是 Google。兩個偉大家族都由古板的菁英領袖掌權，講他們很像鐵定會發生衝突。

　　和所有悲劇一樣，回顧來看，衝突似乎無可避免，可是事實上完全可以避開。這兩個家族來自非常不一樣的地方。蒙太古家族建立軟體作業系統和辦公室應用軟體，卡普雷特家族寫搜尋引擎程式，有什麼好爭的呢？

　　顯然有不少東西要爭。身為新創事業，兩家人各自尋求發展，都不想惹事生非。但隨著事業日漸茁壯，他們開始在意對方。蒙太古在意卡普雷特，而卡普雷特在意蒙太古，結果 Windows 大戰 Chrome OS，Bing 對上 Google Search，Explorer 力抗 Chrome，Office 打 Docs，Surface 則與 Nexus 纏鬥。

　　爭戰不休讓蒙太古和卡普雷特失去羅密歐與茱麗葉，也讓微軟和 Google 失去獨占地位，結果蘋果公司後來居上，超越兩大家族。2013 年 1 月，蘋果的市值 5000 億美元，超過 Google 和微軟加總的 4670 億美元。回想 3 年前，不管微軟還是 Google 的市值都比蘋果高，打仗其實是件花錢的事。

　　對抗讓我們過份強調舊有的機會，大肆複製過去的成功經驗。想一想最近流行的信用卡行動讀卡機。2010

年 10 月，一家名為 Square 的新創公司推出一款嬌小的
白色方形產品，可以讓 iPhone 成為信用卡刷卡機，一
刷就付款，是第一個手持行動裝置的付款解決方案。模
仿者迅速跟進，一家叫 NetSecure 的加拿大公司推出半
月形讀卡機，而 Intuit 用圓柱形讀卡機加入這場幾何圖
形戰役。2012 年 3 月，eBay 旗下的 PayPal 部門也發表
自己的模仿版本，三角形的外觀顯然是衝著 Square 而
來，因為三邊比四邊更簡單。大家都感受到，在這些學
戲的猴子用光所有幾何圖形前，這篇莎士比亞的長篇小
說不會結束。（見圖 4.1）

　　用模仿當作競爭手段有些危險，這可以部分解釋為
什麼像亞斯伯格症這種拙於社交的人在目前的矽谷占有
優勢，這些人對社會線索（social cues）沒那麼敏感，
比較不可能和身邊的人做一樣的事。如果你對發明東西
和撰寫電腦程式感興趣，你就比較不害怕全心投入，最
後你就會對這些事情變得超級厲害。施展技能的時候，
就比較不可能像別人一樣放棄信念，這使你免於被那群
爭搶無聊獎項的人迎頭趕上。

圖 4.1 信用卡行動讀卡機的幾何戰爭

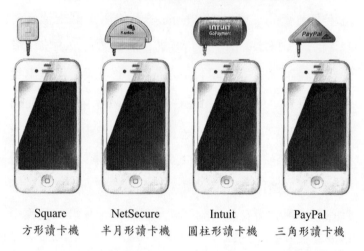

Square	NetSecure	Intuit	PayPal
方形讀卡機	半月形讀卡機	圓柱形讀卡機	三角形讀卡機

競爭會讓大家在毫無機會的時候幻想機會存在。1990 年代出現網路寵物市場的慘烈競爭，包括 Pets.com、PetStore.com、Petopia.com 與其他大同小異的網站都加入戰局。因為他們沒有什麼顯著差別，所以他們把經營重點放在擊敗對手，問的戰術問題都是誰最願意調降電子寵物狗的玩具價格？誰在超級盃打的廣告最好？這些公司完全忽略更重要的問題，到底該不該踏進

網路寵物用品市場。贏比輸要好，但如果這場仗不值得打，那每個人都是輸家。Pets.com 在網路泡沫破滅後倒閉，3 億美元的投資跟著灰飛煙滅。

有的時候，競爭只是奇怪與分心的事。甲骨文（Oracle）共同創辦人兼執行長賴瑞‧艾利森（Larry Ellison）和甲骨文的超級業務員湯姆‧西伯（Tom Siebel）就出現莎士比亞式的衝突，湯姆‧西伯是賴瑞‧艾利森的得意門生，但卻在 1993 年出走創辦 Siebel System。賴瑞‧艾利森對湯姆‧西伯的背叛非常火大，湯姆‧西伯則痛恨活在前老闆的陰影下。這兩個人基本上都是活力充沛、熱愛銷售且痛恨失敗的芝加哥人，所以結怨極深。賴瑞‧艾利森和湯姆‧西伯在 1990 年代後期都在彼此攻訐。有一次賴瑞‧艾利森送了好幾卡車的冰淇淋三明治到湯姆‧西伯的公司總部，希望湯姆‧西伯的員工跳槽。紙袋上寫著：「夏天近了，甲骨文來這裡照亮你的一天和職業生涯。」

怪的是，甲骨文刻意持續樹敵。賴瑞‧艾利森的理論是，有敵人總是好事，最好敵人可以強大到產生威脅

（因此對員工有激勵效果），但又不會威脅公司生存。
所以 1996 年當一家叫作 Informix 的小型資料庫公司在
紅木岸（Redwood Shores）甲骨文總部附近豎立起反甲
骨文的巨型看板，上面寫著「警告：恐龍經過」時，賴
瑞・艾利森可能挺興奮的。另一個在 101 號南北向高速
公路的 Informix 巨型看板則寫著：你剛超越紅木岸，我
們也是。

　　甲骨文也決定立看板回擊，暗示 Informix 軟體速度
慢如蝸牛。Informix 執行長菲爾・懷特（Phil White）決
定展開人身攻擊。他知道賴瑞・艾利森喜歡日本武士文
化，所以在新看板廣告畫上甲骨文企業標誌加上一把斷
掉的武士刀。這個廣告沒針對甲骨文公司，當然也不是
針對消費大眾，而是衝著賴瑞・艾利森而來。但也許菲
爾・懷特花在擔心競爭的時間多了些，他忙著設立廣告
看板的時候，Informix 爆發會計醜聞，菲爾・懷特很快
因為證券詐欺罪入獄。

　　如果無法打敗對手，併購也許是比較好的選擇。
1998 年，我和馬克斯・雷夫金（Max Levchin）共同創

辦 Confinity。當我們在 1999 年下半年推出 PayPal 的產品時，伊隆‧馬斯克（Elon Musk）的 X.com 緊追在後，兩家公司在帕羅奧圖市的大學路上相距僅四條街，X.com 的產品和我們的產品特色一模一樣。到 1999 年末，我們都全力迎戰。許多人每週工作超過 100 小時。這無疑是沒有生產力的事，但重點不在客觀的生產力，重點在擊敗 X.com。我們有位工程師真的為此設計一個炸彈，他開會時提出計劃概要，幸好頭腦較冷靜的人占了上風，把這項建議歸咎於極端缺乏睡眠產出的提案。

但到了 2000 年 2 月，比起相互競爭，伊隆‧馬斯克和我更憂慮快速膨脹的科技泡沫，金融風暴有可能在我們分出勝負前就會先毀掉我們。所以 3 月初我們在兩家公司中間的咖啡店碰面，討論以 50/50 的股權比例合併。合併後要降低對抗並不容易，但只要問題解決了，就會是一個優秀的團隊。合併讓我們得以熬過網路泡沫，並建立一個成功的事業。

有時確實必須奮戰，遇到那種時候，你必須力抗到底並贏得勝利。沒有中庸之道，你要不就不要出拳，要

不就猛力進攻，快速結束戰局。

這個建議也許很難做到，因為自尊和榮譽可能擋住去路。因此哈姆雷特才會

拚著血肉之軀，沒把握

也向命運、死亡和危險挑戰

即使只為了彈丸之地。真正的偉大

並非輕舉妄動，而是關係到榮譽時

為了一根稻桿也要慷慨力爭

對哈姆雷特而言，偉大意味連小事也要據理力爭，任何人都會為事關緊要的事奮鬥。真正的英雄嚴肅看待自己的榮譽，即使事情不重要也要力爭到底。這種扭曲的邏輯是人性的一部分，但對企業來說卻是個大災難。如果你能看出競爭是一個破壞的力量，而不代表價值，你的頭腦已經比大多數的人清楚。下一章就來討論如何清醒地打造獨占事業。

5

後發優勢

擺脫競爭可以取得獨占,但獨占的企業也要屹立不搖才了不起。拿紐約時報公司(New York Times Company)和推特(Twitter)的價值相比。兩家公司都有數千名員工,也都提供數百萬人新聞資訊。但推特2013年上市的市值達到240億美元,超過紐約時報12倍,可是2012年紐約時報的獲利高達1.33億美元,推特還在虧損。要怎麼解釋推特的高溢價?

答案在現金流。乍聽之下很奇怪,因為紐約時報有賺錢,推特沒有。但是,**一個偉大的事業應該從未來產生現金流的能力來定義**。投資人預期推特在未來10年能夠取得獨占利潤,而報紙壟斷的日子已成過往雲煙。

簡單的說，企業今天的價值是未來能賺到的錢的總
和，因此，想要適當估計企業的價值，必須把未來現金
流折算為現在的價值，因為今天的錢比未來還有價值。

這種貼現現金流（discounted cash flow）的比較可
以充分彰顯出低成長企業和高成長新創事業的差異。低
成長企業的價值多發生在近期。舊事業（例如報紙）如
果能維持目前的現金流 5、6 年，也許有機會保持現在
的市值。然而，可以被高度取代的公司都會看到獲利隨
著競爭增加而流失。夜總會或餐廳就是極端的案例：成
功的夜總會或餐廳現在的獲利可能還不錯，但幾年後只
要顧客轉到比較新潮時髦的地方消費，他們的現金流就
會減少。（見圖 5.1）

科技公司有著完全不同的現金流。他們在初期常常
虧錢，因為要花時間打造有價值的東西，而這意味產生
營收的時間會延後。一家科技公司的價值多半要成立 10
到 15 年後才會顯現。

2001 年 3 月，PayPal 還沒有開始賺錢，但我們的營
收比去年同期成長 1 倍。預測未來現金流的時候，我發

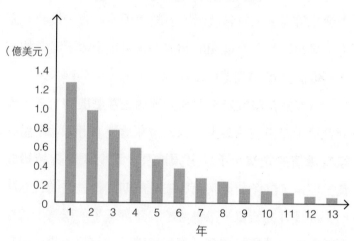

圖 5.1　衰敗企業的現金流

現公司的現值有 75％來自 2011 年之後的獲利，很難相
信這只是一家經營 27 個月的公司，但後來發現當初的
估計還是太低。今天，PayPal 的年成長率大約 15％，
而折現率（discount rate）比 10 年前低。現在看起來，
公司大部分的價值來自 2020 年之後。

　　LinkedIn 是另一個說明公司價值來自遙遠未來的好
例子。2014 年初，LinkedIn 的市值是 245 億美元，這對

2012 年營收不到 10 億美元、淨利僅 2160 萬美元的公司來說非常高。你看到這個市值數字可能會覺得投資人瘋了，但如果計入 LinkedIn 預測的未來現金流，這樣的市值其實很合理。（見圖 5.2）

這種極度偏重未來獲利的評估企業價值的方式，違反直覺，即使在矽谷也不例外。在這種思考下，**所謂一家有價值的企業，不但必須成長，還必須能夠持續成長**，但是，許多創業家僅專注在短期成長。他們有個藉口：成長容易衡量，但是持續就難評量了。認為一切都要量化的人執著於每週活躍用戶統計、每月營收目標和每季財務報表。然而就算達成那些數字目標，仍然會忽略難以衡量並危及企業存續的深層問題。

例如 Zynga 和 Groupon 短期的快速成長讓經理人和投資人沒注意到長期挑戰。Zynga 因為開心農場（Farmville）等遊戲很早就已經成名，它宣稱擁有「心理測量引擎」（psychometric engine），能準確評估新遊戲的吸引力，但最後他們和每家好萊塢片廠都遇到同樣的問題：如何能穩定製作一連串高人氣的娛樂電影？

圖 5.2　科技公司現金流的現值（LinkedIn）

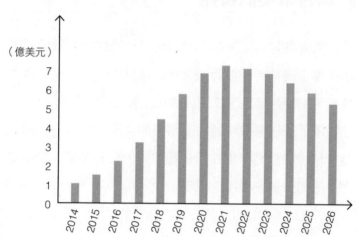

（億美元）

（沒人知道答案。）Groupon 因為有上萬家在地企業試
用，繳出快速成長的成績單，但要說服這些企業成為忠
實客戶比他們想像的困難許多。

　　如果重視短期成長勝過一切，你會錯過最重要的問
題：**這個事業 10 年後還在嗎**？光是數字無法提供答案，
你必須仔細思考企業的本質特性。

▍獨占事業的特點

　　未來會有大量現金流的公司長什麼樣子？每個獨占事業都很獨特，但他們通常會綜合以下幾個特點：專利技術、網路外部性、規模經濟，以及品牌。

　　這不是你創業時該逐項檢查的清單，因為追求獨占沒有捷徑。然而，根據這些特性分析你的事業，能協助你思考如何讓企業持久經營。

1. 專利技術

　　專利技術是公司最實質的優勢，因為這會讓你的產品很難甚至不能複製。例如，Google 搜尋演算法的結果比其他公司要好，頁面載入時間極短、正確性極高的檢索自動提示專利技術使得核心的搜尋產品變得更強大，防禦力更佳。現在很難有人做得到 Google 在 2000 年代初期橫掃其他搜尋引擎公司的事。

　　根據經驗法則，重點的專利技術要比最接近的替代品好 10 倍以上才能取得真正的獨占優勢。如果不到 10

倍，可能會被視為微幅改善，這樣的產品很難賣得出去，特別是在已經很擁擠的市場。

　　要比別人進步 10 倍以上，最簡單的方法是發明全新的產品。如果能端出過去沒有的有價值產品，理論上增加的價值是無窮大。例如，一種能安全讓你不用睡覺的藥，或者治療禿頭的方法，這當然會是一項獨占事業。

　　或者你可以大幅改善現有的解決方法，一旦能比現有產品好上 10 倍，你就可以擺脫競爭。舉例來說，PayPal 讓 eBay 上的交易方便至少 10 倍。相較於郵寄支票要 7 到 10 天才會到，還有跳票的問題，PayPal 的買家在拍賣一結束就能付款，賣家馬上就收得到錢。

　　亞馬遜以大家都看得到的方式進行首次的 10 倍速進步，他們提供的書比其他書店多至少 10 倍。亞馬遜 1995 年成立時聲稱是「全球最大書店」，因為不像零售書店存放 10 萬本書，它完全不需要實體庫存，它會等到客戶下單才向供應商要書。這種大躍進極有成效，滿懷不悅的競爭對手邦諾書店（Barnes & Noble）甚至在

亞馬遜上市前三天提告，指亞馬遜的本質是「書籍仲介商」，自稱「書店」並不公允。

透過優越的整合設計也可以達成 10 倍速進步。2010 年以前的平板電腦糟透了，從實用性的角度來看，這個市場根本不存在。微軟 Windows XP Tablet PC Edition 平板電腦在 2002 年推出，諾基亞（Nokia）也在 2005 年發表自己的平板電腦 Internet Tablet，但都很難用。之後蘋果才發表 iPad。設計進步的幅度很難衡量，但相較於已經問世的產品，蘋果明顯有大幅進展，平板電腦也從無法使用進化到很好用。

2. 網路外部性

網路外部性使產品在更多人使用時變得更加好用。例如，如果你的朋友都在用臉書，你加入臉書就很合理，選擇不同的社群網站只會讓你變成怪人。

網路外部性的力量十分強大，但除非你的產品在網路群組還是小規模時對初期用戶已經具有價值，否則無法取得網路外部性。舉個例子，1960 年，一家叫仙納度

（Xanadu）的公司準備在所有電腦之間建立雙向溝通網路，這是類似全球資訊網（World Wide Web）的早期版本。但30多年來徒勞無功，仙納度後來在網路正要開始普及之前倒閉。他們的技術在有規模時應該行得通，但只有在有規模時才會成功，也就是每部電腦都必須同時加入網路，而這種狀況沒有發生。

矛盾的是，享有網路外部性的企業必須從極小的市場開始。臉書從哈佛學生開始，馬克‧祖克伯格的第一項產品是為了讓同班同學加入而設計，並不是為了吸引全球人口。這是為什麼成功的網路事業很少由企管碩士之類的人開始，因為初期市場太小，看起來甚至完全沒有商機。

3. 經濟規模

隨著規模擴大，獨占事業就會愈強壯，因為製造產品的固定成本（工程、管理、辦公室空間）可以由更多銷售的產品分攤。軟體新創事業可以擁有非常誇張的經濟規模，因為多製造一份產品的成本幾乎是零。

　　許多企業逐步擴大規模也只能取得有限的優勢，服務業尤其難成為獨占事業。例如，如果你開瑜珈教室，只能服務一定人數的客戶。你可以聘請更多老師，增加更多教室，但你的毛利率依然很低，永遠不可能像軟體工程師一樣，以優秀的人才組成核心團體，並提供有價值的服務給數百萬個客戶。

　　優秀的新創事業一開始的設計就該考慮到潛在的客戶規模。Twitter 現在已經有超過 2 億 5000 萬個用戶，完全不需要為了吸引新用戶增加太多客製內容，也沒有停止成長的理由。

4. 品牌

　　一家公司當然能獨占自己的品牌，所以營造強而有力的品牌是宣稱獨占的有效方法。今天最厲害的科技品牌是蘋果，有吸引力的外表、iPhone 和 MacBook 等產品精挑細選的材質、專賣店時髦極簡的設計且嚴密控管消費者經驗、無所不在的宣傳活動、高階產品製造商提供的高價產品，再加上賈伯斯（Steve Jobs）個人的魅力

光環，都幫助市場認知到蘋果提供好到足以自成一類的
產品。

　　許多人想學蘋果的成功方法：付錢買廣告、訴說一
個品牌故事、有著精品材質、詼諧的產品解說、高貴的
定價，甚至極簡設計風都是模仿對象。但如果欠缺本
質，這些維持表面光鮮的科技也不管用。蘋果擁有複雜
的專利技術，橫跨軟體與硬體，像是專為特殊材質設計
的觸控螢幕界面（軟體）與觸控螢幕材料（硬體）。蘋
果製造的產品規模大到可以主導原料市價，同時，數千
名開發者為蘋果的產品撰寫軟體程式，因為這裡有上億
用戶，而那些用戶也因為有眾多應用程式可以選用而留
在這個平台。因為這樣的內容生態系統，蘋果享有強大
的網路外部性。蘋果其他的獨占優勢都沒有蘋果這個閃
亮品牌來得顯眼，但這些是蘋果品牌強化獨占地位的根
本基礎。

　　從品牌而不靠實力來經營是件危險的事。梅麗莎‧
梅爾（Marissa Mayer）2012 年中擔任雅虎執行長開始，
努力讓雅虎再次酷起來，重振一度人氣鼎盛的網路巨

擎。雅虎在推特的一則推文裡簡述梅爾的計劃是「人優
先，再產品、再流量、再營收」的連鎖反應。消費者照
理說會因為提供的服務很酷而來，所以雅虎修改企業標
誌來展示設計理念，併購如 Tumblr 之類的熱門新創事
業來聲稱它很年輕，並因為梅麗莎・梅爾的明星特質獲
得媒體關注。但更大的問題在於雅虎要創造什麼樣的產
品？當賈伯斯重回蘋果時，他不只讓蘋果變成很酷的工
作環境，他還大砍產品線，專注發展少數幾個可能有 10
倍速大躍進的機會。沒有科技公司可以僅靠品牌吃飯。

打造獨占事業的方法

品牌、規模、網路外部性和科技的結合就是獨占，
但要讓這些元素發揮效果，你必須小心選擇市場，並謹
慎的擴大市場。

從小生意開始壟斷

每個新創事業一開始都很小，而每個獨占事業都可

以在它的市場呼風喚雨。所以，**每個新創事業都該由非常小的市場開始，要錯，也是錯在起步的規模太小**。原因很簡單，主導小市場比大市場容易得多。如果你覺得初期市場可能太大，那就一定是太大了。

　　小市場不表示不存在。PayPal 早期犯過這種錯誤。我們的第一個產品允許大家透過 PalmPilot 相互匯款。這是很有意思的技術，當時也沒有人做。然而，全球數百萬 PalmPilot 用戶並沒有集中在某個特定區域，他們幾乎沒有共通點，也只是偶爾使用 PalmPilot。沒有人需要這項產品，所以我們沒有客戶。

　　學到教訓後，我們把目光放在 eBay 上的拍賣交易，在那裡取得第一次成功。1999 年末，eBay 有數千個高交易量的「超級賣家」（PowerSellers），僅僅努力 3 個月，我們就跟 25％的超級賣家做生意。接觸數千個真正需要我們產品的人，這遠比讓散居各地的數百萬人注意到我們要容易得多。

　　新創事業最完美的目標市場是針對一小群特定人士，他們群聚在一起，而且幾乎沒有人服務他們。鎖定

大市場並不是一個好選擇，已經有競爭對手在服務的大市場尤其糟糕。這是為什麼當創業家討論要由 1000 億美元的市場搶下 1％ 市占時會是警訊的原因。實務上，一個大市場不是欠缺好的起跑點，就是處在開放競爭的狀態，想要搶下 1％ 的市占都很難。就算成功取得小小的立足點，你也要隨時留意，割喉競爭意味你的獲利會是零。

擴大規模

一旦創造並主導一個利基市場，你就應該逐步擴展到大一點的相關市場。亞馬遜就是很好的示範。傑夫·貝佐斯（Jeff Bezos）的創業願景是雄霸所有網路零售業，但他刻意由賣書開始，雖然有數千萬本書要分類，但書籍的形狀都差不多，很容易運送，而部分很難賣的書還可以吸引到對這類書極度熱愛的顧客，可是對其他實體零售商來說，庫存這類小眾書的獲利最差。因此距離書店遙遠、或是要找稀有書籍的消費者來說，亞馬遜成為主要的購書管道。接下來，亞馬遜要成長有兩個選

擇，或者增加讀書人口，或者向相近的市場擴展。他們選擇由相似度最高的市場著手，賣起 CD、錄影帶和軟體。亞馬遜逐步增加銷售類別，直到成為全球最大的雜貨店為止。亞馬遜這個名字巧妙地涵蓋公司的廣大策略。亞馬遜雨林的生物多樣性反映出亞馬遜的第一個目標是提供世界上所有的書，現在則是要提供世界上所有的東西，就是這樣。

eBay 也從主導小型利基市場開始。1995 年推出網拍市集時，eBay 並不需要全世界的人都立刻使用，只要吸引到極度熱情的絨毛玩具豆豆娃（Beanie Baby）的癡心粉絲團體使用就好。在豆豆娃的交易市場形成獨占之後，eBay 並沒有直接進軍跑車或工業物資買賣，eBay 還是繼續服務小型收藏家，直到成為網路交易人士最信賴的市集，不論上網交易的品項是什麼。

有時候擴大規模會遭遇潛在阻礙，這是 eBay 近幾年學到的教訓。就像所有市集一樣，網拍市集會出現自然獨占現象，因為買家會往賣家多的地方去，反之亦然。但 eBay 發現，拍賣模式比較適合用在錢幣和郵票

等特色產品，大宗商品型的產品反而不適合，大家並不
想出價競標鉛筆或衛生紙，這些產品直接跟亞馬遜買還
比較方便。eBay 仍是有價值的獨占事業，只不過比大
家在 2004 年時預期的小。

我們低估正確發展市場的效益，其實市場需要有紀
律的逐步擴大。最成功的企業會先占據一個特定的利基
市場，然後擴展到相近的市場。成功的企業都有個類似
的創業故事，他們都是由核心事業逐步向外擴展。

別搞破壞

矽谷對「破壞」（disruption）非常著迷。「破壞」原
來是藝術界的術語，現在用來形容一家公司如何運用新
科技推出低價的低階產品，逐步改善到最後取代現有廠
商以老舊科技提供的高階產品。這大約就是個人電腦出
現時對大型電腦造成的衝擊，一開始個人電腦似乎不太
重要，但後來卻主導市場，今日的行動裝置可能正衝擊
個人電腦。

然而，「破壞」在最近已經完全成為時髦新潮的祝

賀語。這種看似微不足道的流行很重要，因為創業家會扭曲現有競爭的認知，把「破壞」形容成對現有企業的威脅，所以新創事業著迷於破壞，意味著他們透過舊企業的眼光來看待自己。如果你認為自己是對抗黑暗勢力的起義者，你就會執著在發展道路上的障礙。但如果你真的想做出點新東西，創新的行為遠比那些舊產業不喜歡你的創新來得重要。的確，如果你的公司能被簡化成反對既存的企業，就不可能是全新的企業，很可能無法成為獨占事業。

　　「破壞」也會吸引注意，破壞者是找麻煩的人，而且找到麻煩了。搞破壞的小孩會被送到校長室，找麻煩的公司常挑打不贏的架打。想想看音樂網站 Napster，它的名字就代表麻煩。哪些東西可以讓人陷入麻煩？音樂……小孩……也許沒其他東西。Napster 當時的年輕創業家尚恩‧芬寧（Shawn Fanning）和西恩‧帕克（Sean Parker）在 1999 年威脅要顛覆唱片產業，隔年他們上了《時代雜誌》（Time）封面，一年半後全都進了破產法庭。

外界可能認為 PayPal 有破壞力，但我們不想直接挑戰大型競爭對手。當我們推廣網路付費時，確實從 Visa 那裡搶走部分生意。你可能上網用 PayPal 付帳買東西，而不是拿 Visa 信用卡到商店裡買。但因為我們擴大整體付款市場，Visa 信用卡得到的比失去的更多，整個產業得到正面效益，不像 Napster 和美國唱片業陷入負和賽局，帶來負面效益。當你擬定計劃擴展至相近的市場時，不要搞破壞，儘量避免競爭。

▋後來居上

你可能聽過「先發優勢」，就是在競爭對手都還在倉皇準備起步時，第一個進入市場的廠商可以搶得較大的市占率。但率先採取行動是一種策略，不是目標。真正重要的是能在未來產生現金流，所以如果有其他人會追上來超越你，就算你是第一個做的人也不會有好處，後來再投入反而更好。這個意思是說，在特定市場做出最後一個重大發展，並享受數年或甚至數十年的獨占利

潤。實行的方法是主導小型利基市場，從那裡開始壯大規模，邁向你野心勃勃的長期願景。這樣來看，經營事業就像下棋一樣。西洋棋棋王何塞・勞爾・卡柏布蘭卡（José Raúl Capablanca）說得好：「要成功，首要工作就是必須先研究殘局。」

6

成功不是樂透彩

商業界爭論最激烈的問題是，成功是因為運氣還是能力？

成功人士怎麼談這個問題？專門描寫成功人士的暢銷書作家麥爾坎・葛拉威爾（Malcolm Gladwell）在《異數》（*Outliers*）聲稱，成功是「沒有預料到的好運與隨機優勢的綜合結果」；而大家都知道華倫・巴菲特（Warren Buffett）認為自己像是「幸運精子俱樂部的成員」中了「卵巢樂透」；傑夫・貝佐斯則將亞馬遜的成功歸因於「行星不可思議的排成一直線的現象」，開玩笑認為他的成功是「一半靠好運，一半靠抓對時機，剩下的靠腦袋」。比爾蓋茲甚至表示，他「運氣很好，天

生就有某些技能」，儘管不清楚是否真有這種可能性。

　　也許這些人都在故作謙虛，然而這些人一再創業成功的現象似乎都在質疑成功純粹是靠好運的說法。已經有幾百個人創立超過百萬美元價值的生意；賈伯斯、推特暨 Square 創辦人傑克‧多爾西（Jack Dorsey）和伊隆‧馬斯克甚至接連創立好幾家價值數十億美元的公司。如果成功大部份靠的是運氣，這種持續創業的企業家就不太可能存在。

　　2013 年 1 月，傑克‧多爾西在推特上發文給 200 萬個追隨者說：「成功從來不是偶然。」

　　對這則推文大多數的回應明顯很負面。記者艾力克斯‧馬德里格爾（Alexis Madrigal）在《大西洋月刊》（*The Atlantic*）上提到這則推文，表示他第一個直覺反應是回覆：「所有白人億萬富翁都說『成功從來不是偶然』。」已經成功的人開創新事業確實比較容易，那是因為他們有人脈、財富，或是經驗。不過，我們也許太快排除妥善規劃而獲致成功的可能性。

　　有沒有方法可以客觀解決這個爭論？可惜沒有，因

為開公司不是做實驗。如果要用科學實驗來回答臉書是否會成功，我們必須重回 2004 年，在世界上創造 1000 個樣本環境，然後在每個樣本中創立臉書，觀察可以成功幾次。但這種實驗並不可行，因為每家公司都是在獨特的環境下開始，而且每家公司只會成立一次。當樣本只有一個時，統計學就失去作用。

　　從文藝復興、啟蒙運動到 20 世紀中期，運氣都是要自己掌握、主導和控制。每個人都同意要做能力所及的事，不要專注在能力做不到的事。美國著名思想家拉爾夫・墨爾多・愛默生（Ralph Waldo Emerson）在寫下面這段話時就有充分體會：「膚淺的人相信運氣，相信環境……意志堅定的人相信因果。」1912 年，羅爾德・亞孟森（Roald Amundsen）成為第一個抵達南極德探險家後寫道：「勝利是留給凡事都準備好的人，但一般人都以為只是運氣好。」沒有人會假裝不會有壞運氣，但前幾代的人更相信努力工作可以創造好運。

　　如果你相信人生多半靠運氣，又何必讀這本書？如果你只想知道彩券得主的軼事，學習創業對你來說一點

價值也沒有。《吃角子老虎機的傻瓜指南》（*Slot Machines for Dummies*）據說可以告訴你哪些吉祥物可以求得好運、怎麼判斷哪一台機器「最神」，不過，那本書並無法教你變成贏家。

比爾蓋茲只是中了智力彩券嗎？臉書營運長雪柔・桑德伯格（Sheryl Sandberg）的成功是因為出身富裕家庭，還是做到「挺身而進」？當我們辯論這類歷史問題時，運氣都已經是過去式。更重要的是，未來究竟是由機率還是謀略決定？

▌看待未來的 4 種方法

你可以期待未來具體明確，也可以認為未來迷霧茫茫，充滿不確定性。如果你覺得未來很明確，當然要對未來事先了解，並努力加以形塑。但如果你預期的是一個由隨機事件支配的不確定未來，自然不會想要去掌控。

把未來看成不確定的態度正好可以解釋今日世界功

能失調的原因，就是把過程看得比實質重要，在欠缺具體計劃時，只好照章行事儘量蒐集多種選項。這就像美國目前的狀況。在中學，我們被鼓勵拚命參加「課外活動」。升上高中，有雄心壯志的學生表現出無所不能的模樣，競爭變得更加激烈。進入大學，這些學生已經花10年填了一張驚人的多元履歷表，準備面對全然未知的未來。不管發生什麼事，他都已經準備好，就是沒為了特定的目標做好準備。

　　相反的，對未來抱持確定看法的人有著堅定信念。這些人不會追求號稱「多元均衡發展」的多面向普通發展，他們會決定一件最該做的事，盡力而為。他們不會日以繼夜地努力讓自己沒有明顯突出之處，而是奮力培養出色的實力，以求獨霸一方。這不是今日年輕人會做的事，因為他們身邊的人都已經在這個確定的世界裡失去信心。沒有人可以因為只做一件出色的事獲得史丹佛大學的入學許可，除非那件事剛好和傳接球有關。

　　你可以期待未來比現在好，也可以期待未來比現在糟。樂觀的人迎接未來，悲觀的人恐懼未來。這些可能

性相互結合之後就會產生四種觀點：（見表 6.1）

不確定的悲觀主義

每個文化都有從黃金時代沒落的故事，而且歷史上幾乎所有民族都是悲觀主義者。即使到今天，悲觀主義在世界許多地方仍是主流。不確定的悲觀主義者覺得未來前景黯淡，但不知道今天可以做些什麼。這可以用來描述 1970 年代初期以來的歐洲，整個大陸籠罩著官僚主義。今天，歐元區步入緩慢發生的財務危機，而且沒有人負責。歐洲央行無計可施，僅能隨機應變；美國財政部在美鈔上印上「我們信仰上帝」，歐洲央行也許該在歐元上印「混一天算一天」。歐洲人要等事情發生時才會做出反應，同時祈求事情不會惡化。不確定的悲觀主義者無法知道這種必然的衰敗是快或慢，是一夕劇變還是逐漸凋零。他唯一能做的事就是等待，所以不如繼續吃吃喝喝，保持心情愉快。因此歐洲人出了名的熱中度假。

表 6.1 各國看待未來的方式

	確定的未來	不確定的未來
樂觀的未來	1950-1960 年代的美國	1982 年至今的美國
悲觀的未來	現在的中國	現在的歐洲

確定的悲觀主義

確定的悲觀主義者相信未來已經確定，但是因為未來前景黯淡無光，他必須預做準備。或許讓人感到意外的是，中國恐怕是現今全球最悲觀的地方。看到中國經濟飛快成長（2000 年以來每年的經濟成長率高達10%），美國人會想像中國是一個有信心控制未來的國家，但那是因為美國人是樂觀主義者，往往把自己的樂

觀投射在中國身上。但從中國的觀點來看，經濟成長還是不夠快。當其他國家都在擔心中國將占領世界的時候，只有中國怕自己做不到。

中國的經濟因為基期太低，所以飛快成長。中國追求成長最簡便的方法就是全盤複製西方的成功經驗，而這正是它現在的作法，透過燃燒更多的煤、蓋更多的工廠和摩天大樓來執行明確的計劃。但隨著龐大人口推升能源價格，中國人的生活水準絕對無法追上那些富裕國家，而且中國人自己也知道。

為什麼中國領導階層執迷不悟，讓情況變得更加惡化？因為中國的每個高階領導人小時候都碰過饑荒，所以中國共產黨中央政治局面對未來時，認為天災並不是抽象的概念。中國人也很清楚嚴冬將至，外部的人著迷於中國內部積累的巨額財富，卻沒有留意到有錢人正設法把錢搬往國外，窮苦的中國人則是盡力存下每一分錢，希望存下的錢足夠花用。中國不論哪個階層的人都很嚴肅地看待未來。

確定的樂觀主義

對一個確定的樂觀主義者來說，如果做好計劃並付出努力，未來一定會比現在更好。從 17 世紀到 1950 年代和 1960 年代，確定的樂觀主義者領導著西方世界。科學家、工程師、醫師和企業家使這個世界變得更富裕、更健康，比過去想像的更長壽。如同馬克思和恩格思（Friedrich Engels）明顯看到的 19 世紀資產階級

創造出的龐大生產力比之前所有世代加總還大。人定勝天、機械化、工業與農業上的化學應用、蒸汽輪船、鐵路、電報、新大陸全面的開發、運河開鑿等等，彷彿用法術從地底召喚出大量人口。過去哪個世紀可以預料勞動力裡竟然潛伏著這樣旺盛的社會生產力？

每個世代的發明家和真知灼見之士都會超越前人。1843 年，倫敦民眾受邀通過首度穿越泰晤士河的新隧道；1869 年，蘇黎士運河開鑿完成，歐亞交通不必再繞

行非洲好望角；1914 年，巴拿馬運河縮短大西洋至太平洋的路程。即使大蕭條都不能阻卻美國持續進步，這個國家一直出現全球最有遠見的確定樂觀主義者。帝國大廈 1929 年開始興建，1931 年竣工；金門大橋 1933 年開始施工，1937 年完成；曼哈頓計劃 1941 年展開，而且1945 年也製造出全球第一顆原子彈。就算在世界承平時期，美國也持續改變全球風貌。1956 年開始興建州際公路系統，到了 1965 年已經有 2 萬英哩的公路通行。不只在地球表面有確定的計劃，美國太空總署（NASA）阿波羅計劃從 1961 年開始到 1972 年結束，總共有 12個人登陸月球。

不只政治領袖與官方科學家有著遠大的計劃。1940年代晚期，加州居民約翰‧瑞伯（John Reber）打算翻新舊金山灣區的地理樣貌。瑞伯是學校教師、業餘戲劇製作人和自修的工程師。他雖然沒有文憑，卻仍然公開提議在舊金山灣區蓋兩座水庫，興建大型淡水湖來提供飲水和灌溉，並徵收 2 萬公畝土地推動開發。儘管他沒權沒勢，但瑞伯的計劃受到大家的重視，獲得加州所有

地方報社的編輯委員會背書，美國國會也舉行聽證會討論計劃的可行性。美國陸軍工程兵團甚至在舊金山灣旁的索薩利托市（Sausalito）的倉庫裡打造一個 1.5 公畝的灣區模型。但因為有技術缺點，這個方案並沒有實行。

　　但是今天還會有人從一開始就嚴肅看待這種願景嗎？在 1950 年代，大家都歡迎規模龐大的計劃，願意探究這樣的計劃是否會成功。時至今日，由學校老師提出的雄心壯志會被當作胡言亂語，稍有權勢的人提出的長遠願景會被貶為傲慢之舉。現在你還是可以在索薩利托市參觀到灣區模型，但它現在只是一個觀光景點，擘劃未來的遠大計劃現在已經變成懷舊的古物。（見圖 6.1）

不確定的樂觀主義

　　1970 年代經過短暫的悲觀時期後，不確定的樂觀主義自 1982 年起主導美國思維。當時美國股市正走長期多頭，金融人員超越工程師成為通往未來的康莊大道。

對不確定的樂觀主義者而言，未來一定會更好，但他並不確定會有多好，所以他們不會訂下明確的計劃。他預期可以從未來得到好處，但沒理由需要具體規劃。

不確定的樂觀主義者不會耗費數年的時間打造新產品，而是會重整既有的發明。銀行家靠重組現有公司的資本結構賺錢；律師則是解決舊議題引發的爭端，或是協助其他人整頓工作；私募基金投資人和管理顧問也不會創立新事業，他們持續調整經營流程，提高舊事業的效率。不意外地，這些領域吸引到多到不成比例的名校高材生，有什麼比「前途不可限量」的職業生涯更適合獎勵 20 年來苦心打造超強履歷的菁英呢？

最近這些畢業生的父母常鼓勵他們踏上現成的康莊大道。嬰兒潮的奇特歷史創造出一個不確定樂觀主義者的世代，他們已經習慣不用付出太多努力就能進步，而且覺得這理所當然。如果你出生在 1945 年、1950 年或 1955 年，在 18 歲以前你的生活是一年過得比一年好，而且你一點事情也沒做。科技進步似乎會自動加速，所以嬰兒潮世代從小到大都對未來充滿期待，但卻很少有

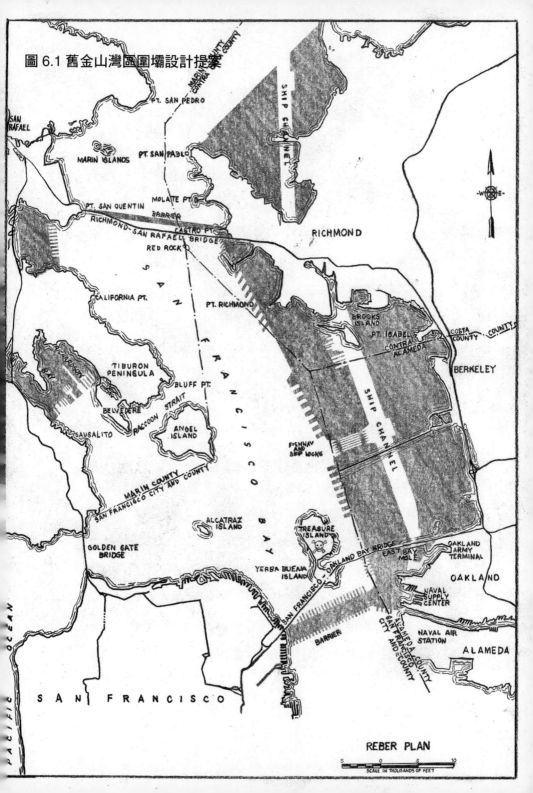

圖 6.1 舊金山灣區圍壩設計提案

人有特定的計劃來實現夢想。然後當科技進步在 1970
年代停滯下來，貧富差距擴大，大部份嬰兒潮世代的菁
英還好擠入了高所得群。對成功富裕的嬰兒潮世代來
說，他們成年之後仍然是一年自然比一年好，把同個世
代的其他人甩在後面。成功富裕的嬰兒潮菁英主導今天
的大眾言論，不覺得他們天真的樂觀主義該被質疑。由
於他們的職業生涯一路順遂，他們無法想像小孩走相同
的路會滯礙難行。

　　麥爾坎‧葛拉威爾說，不先了解比爾蓋茲的幸運之
處，就無法理解他為什麼會成功：他出生在一個好家
庭，上的是有電腦教室的私立學校，童年時期就結交到
保羅‧艾倫（Paul Allen）這種朋友。但如果你不知道麥
爾坎‧葛拉威爾也是嬰兒潮世代（出生於 1963 年）的
一分子，也許你不會了解他的意思。當嬰兒潮世代長大
成人，寫書解釋為什麼另一個人會成功時，他們會將特
定人得到權力歸因於機率。可是他們遺漏更重要的社會
因素：整個世代從小就學到高估機率的力量，也學到低
估計劃的重要性。剛開始時，麥爾坎‧葛拉威爾像是提

出冷門意見，批評白手起家的企業人士，但他的解釋其實包含著一整個世代的常見觀點。

▌現在是樂觀不確定的世界

不確定的金融

樂觀確定的未來會需要工程師設計海底城市和太空殖民地，樂觀不確定的未來則需要更多銀行家和律師。金融象徵不確定的思維，因為這是在你不知道如何創造財富時唯一的賺錢方法。如果不進法學院，聰明伶俐的大學生會往華爾街去，因為他們對自己的職業生涯沒有真正的規劃。等他們進入高盛投資銀行（Goldman），他們會發現即使身在金融業，每件事都還是不確定。這仍然很樂觀，如果你覺得會輸，就不會進入市場。但基本信念是：市場是隨機的，你無法具體或實質了解任何事情，所以多元化變得極端重要。

金融的不確定性可以非常詭異。想像成功創業人士賣掉他們創立的公司會發生什麼事，他們會怎麼處理那

筆錢？在金融化的世界會像這樣：

- 創業者不知道該拿這筆錢做什麼，所以把錢交給大銀行。
- 銀行家不知該拿這筆錢做什麼，所以把錢分散到許多法人建立的投資組合。
- 法人不知道怎麼處理旗下管理的資金，所以建立一個股票的投資組合，分散投資。
- 各家公司嘗試產生淨現金流來推升股價，作法是發放股利或買回庫藏股，然後周而復始。

在這個循環裡，沒人知道在實體經濟裡該如何運用這筆錢。但在不確定未來的世界，大家實際上喜歡保留最大的選擇彈性，把金錢看得比你能用錢買到的東西更為珍貴。只有在確定的未來，金錢才是達到目標的手段，而非目標。

不確定的政治

政客總是在選舉期間才會對公眾負責，但現在他們已經調整到時時刻刻都會留意公眾的意見。現代的民意調查可以讓政客塑造完全符合民意的形象，所以大部分的時候他們都會這麼做。統計學家奈特・席佛（Nate Silver）預測美國總統大選十分精準，但更值得注意的是，4 年一次的預測可以造成的話題有多大。如今，大家對這個國家幾週後會有什麼想法的統計預測，遠比 10 年、20 年後會變成什麼模樣的遠見預測更感興趣。

不只是選舉過程不確定，政府的本質也都變得不確定。政府過去能協調出複雜的解決之道，像是解決核子武器和月球探險等問題。但在今天，經過 40 年不確定的緩慢前進，政府的主要功能變成只是提供保險，我們解決重大問題的方法是聯邦醫療保險（Medicare）、社會安全，和其他一連串令人頭暈目眩的移轉性支付政策。毫不意外地，從 1975 年開始，這些補助的花費不斷侵蝕政府彈性預算。但是根據各項補助方案的邏輯，只要寄出更多支票，就能讓生活變得更美好。

不確定的哲學

你不只可以在政壇看到不確定的態度，也可以在抱持著左右兩派不同理念的政治家上看到相同的態度。

古代世界的哲學都是悲觀主義，柏拉圖（Plato）、亞里斯多德（Aristotle）、伊比鳩魯（Epicurus）和盧克萊修（Lucretius）全都接受人類的潛力受嚴格限制的看法。因此唯一的問題是，該如何坦然接受我們的悲劇命運。現代的哲學家則大多樂觀，19 世紀的哲學家從右派的賀伯特·史賓塞（Herbert Spencer）、中間的黑格爾（Hegel），到左派的馬克思都相信進步的力量。（別忘了前面提過馬克思和恩格思頌揚資本主義的科技大獲全勝。）這些思想家期待物質進步能根本改善人類的生活，他們是確定的樂觀主義者。

20 世紀晚期，不確定的哲學引人注目。美國兩大思想家約翰·羅爾斯（John Rawls）和羅伯特·諾齊克（Robert Nozick）的主張截然不同：身為講究平等主義的左派，約翰·羅爾斯關心公平和分配的問題；在講求自由主義的右派，羅伯特·諾齊克專注在把個人的自由

表 6.2 不同思想家對未來的看法

	確定的未來	不確定的未來
樂觀主義	黑格爾、馬克思	羅伯特・諾齊克、約翰・羅爾斯
悲觀主義	柏拉圖、亞里斯多德	伊比鳩魯、盧克萊修

最大化。他們都相信人們可以和平共處，所以不像古代哲學家，他們是樂觀主義者。但他們也不像賀伯特・史賓塞和馬克思，約翰・羅爾斯和羅伯特・諾齊克是不確定的樂觀主義者，他們對未來沒有具體看法。（見表6.2）

　　不過他們展現出的不確定有著不同的形式。約翰・羅爾斯的《正義論》（*A Theory of Justice*）是以有名的

「無知之幕」開頭:「已經認識這個世界的人不可能做出公正的政治判斷,因為這個世界具體存在。」與其嘗試改變有著獨特人士和真實技術的世界,約翰‧羅爾斯幻想的是一個注重公平但少了活力的「內在穩定」社會;羅伯特‧諾齊克反對約翰‧羅爾斯「模式化」的正義觀,對羅伯特‧諾齊克來說,任何自願的交換行為都必須被允許,沒有什麼社會模式高尚到可以利用強制手段來維持這個社會。他對於什麼是好的社會比約翰‧羅爾斯更沒有具體想法,他們注重的都是執行的過程。今天,我們誇大左派自由平等主義和自由派個人主義的差別,因為幾乎每個人都認同他們共有的不確定態度。哲學、政治和商業界都在爭辯執行的過程,這已經變成一種不肯為了更美好未來做出具體計劃的拖延方法。

不確定的人生

我們的祖先努力理解生命、延長生命。16 世紀,征服者在佛羅里達叢林找尋青春之泉(Fountain of Youth)。英國文學家法蘭西斯‧培根(Francis Bacon)

寫下「延年益壽」（the prolongation of life）應該在藥學領域自成一科，而且該是最高尚的一科。1660 年代，愛爾蘭化學家羅伯特・波以耳（Robert Boyle）列出科學發展的願望清單，把延長壽命（以及「重拾青春」）放在首位。不管透過地理探險或實驗研究，文藝復興時代的科學家都認為死亡是應該要擊敗的對手。（一些抗拒死亡的人在行動中身亡，例如法蘭西斯・培根在雪地進行冷凍雞隻的實驗，想看這樣能否延長牠的壽命，結果染上肺病，死於 1626 年。）

我們還沒有發掘生命的奧妙，不過 19 世紀的保險公司和統計學家透露一個與死亡有關的祕密至今仍主導我們的想法，他們發現一種把死亡換算成數學機率的方法，那就是「生命表」（Life tables）。「生命表」告訴我們在每個年紀的死亡機率，過去的人對此一無所知。不過，為了取得比較好的保險契約，我們似乎已經放棄追尋長壽的訣竅。對現今人類壽命的一般認知已經被視為理所當然，這讓今日社會瀰漫著一對觀點：死亡不可避免，而且隨機發生。

　　同時，隨機的態度已經開始改變生物學的發展。
1928 年，蘇格蘭科學家亞歷山大・佛萊明（Alexander
Fleming）發現，實驗室裡忘記蓋上蓋子的培養皿長出
能殺死細菌的神奇黴菌，意外發現到盤尼西林。在這之
後，科學家就不敢小看偶發的機會，現在研發新藥的作
法就是把亞歷山大・佛萊明的意外情境擴大為百萬倍：
藥廠隨機研究分子化合物的各種組合，盼望可以「中
獎」。

　　但這樣的實驗進展不像過去那麼好。雖然前兩個世
紀有長足進步，但近幾十年來，生物科技並無法滿足投
資人與病人的期望。反摩爾定律（Eroom's Law）觀察
到，從 1950 年開始，每花 10 億美元在新藥研發得到核
准通過的新藥數量每隔 9 年就會減少一半，這跟摩爾定
律（Moore's Law）恰好相反。由於同時間資訊科技業
比過去更快速發展，因此今天的生技公司面對的大問題
是未來能否看到類似的發展。表 6.3 就顯示生技新創公
司和軟體新創公司的不同。

　　生技新創公司是不確定思維的一個極端例子。研究

表 6.3　生技新創公司 VS. 軟體新創公司

	生技新創公司	軟體新創公司
研究對象	無法控制的有機體	嚴格控管的編碼
背景環境	認識不多的自然界	充分了解的人造世界
研究方法	不確定，隨機	確定，工程學
法規要求	嚴格規範	基本規範
成本	貴 （平均開發一種藥要付出超過10億美元）	便宜 （小額種子基金）
團隊	高薪，實驗室嬌客	全力以赴的創業駭客

人員拿可能行得通的東西實驗，而不去發展身體系統如何運作的確定理論。生物學家說他們必須採取這種作法，因為基礎生物學太難。根據他們的說法，資訊科技的新創公司能夠成功，是因為電腦是我們發明的，而且完全遵照我們的指令行事。生物科技之所以困難，是因為身體不是我們設計，了解身體愈多，開發產品的複雜度就變得愈高。

　　但在今天，不得不懷疑生物學的困難本質已經成為
生技新創公司採用不確定方式經營的藉口。大部分參與
的人都期待最後會有成果，但卻很少有人抱持成功需要
的衝勁，全心投入特定的公司。生技新創公司的創辦人
是教授，他常常擔任公司的兼職顧問，而不是全職員
工，即使這家公司是從自己的研究案開始。接著每個人
就會開始仿效教授的不確定態度。自由派很容易聲稱嚴
格的法規正阻礙生技發展，實際上也是如此，但不確定
的樂觀主義可能才是對生物科技發展更大的挑戰。

▎不確定的樂觀主義可行嗎？

　　不確定的樂觀決策可能帶來什麼結果？如果美國家
庭現在儲蓄，至少他們可以預期之後有錢可以消費。如
果美國企業現在開始投資，他們可以預期未來獲得新財
富帶來的獎賞。但現在美國家庭幾乎沒存什麼錢，而美
國企業讓現金堆放在資產負債表上，沒有投資任何新專
案，因為他們對未來沒有任何具體的計劃。（見表 6.4）

表 6.4　各國的投資與儲蓄

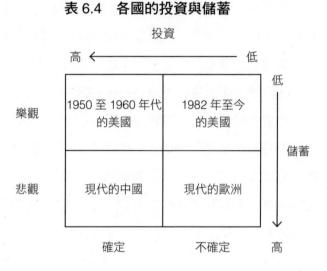

投資

　高 ←——————————→ 低

	確定	不確定
樂觀	1950 至 1960 年代 的美國	1982 年至今 的美國
悲觀	現代的中國	現代的歐洲

低　儲蓄　高

其他三種對未來的看法是行得通的。如果你能依照展望打造未來的話，確定的樂觀主義可以行得通；如果把其他人的東西抄過來，不期待創新，那確定的悲觀主義也行得通；不確定的悲觀主義當然也可行，因為這樣的未來會自我實現。如果你不抱期望，懶散不做事，悲觀的未來自然會找上你；但是不確定的樂觀主義無法持續，如果沒有人計劃未來，未來怎麼可能會更好？

　　事實上，現代社會大部分的人都已經聽過：沒有計劃的進步稱為「演化」。達爾文寫到，生命就算沒有準備也會自己「演化」。每個生命都只是某些有機體隨機變異的結果，而最佳版本會在最後獲勝。

　　達爾文的理論可以解釋三葉蟲和恐龍的起源，但能否衍生至其它相差很遠的領域呢？正如同牛頓的物理學無法解釋黑洞或大霹靂，很難明確的說達爾文的生物學可以解釋該如何建立更好的社會，或是如何憑空創業。但近幾年，達爾文學說（或假信徒）的隱喻變成商業界的流行說法。記者把生態體系的競爭求生存類推到企業在商場競爭的生存之道。結果出現像是「數位達爾文主義」（Digital Darwinism）、「網路達爾文主義」（Dot-com Darwinism）和「點擊率最高者生存」（Survival of the Clickiest）等新聞標題。

　　即使在工程取向的矽谷，現在的熱門詞彙也是高談在快速變遷的環境下建立能「適應」和「演化」的「精實新創事業」（lean startup）。想創業的人被告知事先不會知道任何事：我們應該傾聽顧客表達的需求，做出

「最基本的可用產品」（minimum viable product），然後再反覆修正，最後邁向成功。

但精實是一種方法，不是一個目標。小幅修正已經存在的東西可能讓你達成局部市場最大化的成績，卻不能取得全球市場最大化。你可以推出最棒的應用程式，讓大家透過 iPhone 訂購衛生紙，但欠缺大膽規劃的修正版本沒有辦法幫你從 0 跨到 1。對不確定的樂觀主義者來說，公司是最奇怪的地方：為什麼你認為你的事業沒有計劃還會成功？在其他背景下，達爾文的理論也許還不錯，但遇到新創事業，明智的設計規劃還是最適用。

▍有長期規劃的公司總是被低估

設計規劃應該比機率更優先考量是什麼意思？今天，「好的設計」已經是必要美學，從一般的懶惰蟲到雅痞，每個人都會仔細裝扮自己的外貌。事實上，每個最好的創業家都是第一位也是最重要的設計師。所有拿

過蘋果產品或 MacBook 的人都能感受到賈伯斯執著視覺享受和完美體驗的成果。但要向賈伯斯學習,最重要的不是美學。賈伯斯最棒的設計是他的企業。蘋果公司發揮想像,並多年執行確定的計劃來創造新產品,有效行銷。忘掉「最基本的可用產品」吧!自從 1976 年創立蘋果公司,賈伯斯就看到他可以透過細心規劃來改變世界,而不是靠著傾聽焦點團體的意見或是複製別人的成功來改變世界。

我們不確定的短期世界常低估長期規劃的重要性。首支 iPod 在 2001 年 10 月推出時,產業分析師只看出這「對麥金塔用戶是很好的號召」,對其他人「沒有什麼改變」。但賈伯斯規劃 iPod 是 PC 之後第一個新世代行動裝置,這對大部份人來說是察覺不到的祕密。蘋果股價的變化顯示出他這個多年計劃的豐碩成績。(見圖 6.2)

規劃的威力解釋民營公司的價值難以估算。當大公司要併購成功的新創事業時,出價不是太高或太低:創業者只有對公司沒有更明確的願景時才會出售,這時買家可能出價太高;有明確想法和全盤計劃的創業者不會

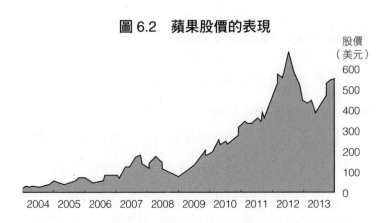

圖 6.2　蘋果股價的表現

出售，這代表買家出價不夠高。當雅虎在 2006 年 7 月
提議以 10 億美元買下臉書時，我以為我們至少會考慮
一下。但馬克・祖克伯格走進董事會說：「好吧，各
位，這個會議只是個形式，應該不會花超過 10 分鐘，
我們當然不會在現在出售。」馬克・祖克伯格知道他要
把公司帶往哪裡去，而雅虎不知道。在大家認為未來是
隨機波動的世界裡，有確定計劃的公司永遠會被低估。

▌你不是一張頭獎彩券

我們必須重新找回明確的未來道路，西方社會實在需要一場文化革命才做得到。

要從哪裡開始呢？約翰‧羅爾斯必須從哲學系掃地出門，麥爾坎‧葛拉威爾必須被說服改變他的理論，而且民意調查不能影響政治。但哲學系教授和麥爾坎‧葛拉威爾的信徒已經不能自拔，更別提政客了。就算有頭腦、立意良善，要在人多的地方追求改變也是極度困難的事。

新創事業是你能確定掌握盡最大努力的機會。不只讓你的人生有個歸屬，還能影響世界某個重要的角落。這一切都要從拒絕讓不公平的機率主宰開始。你不是被機率決定命運的彩券。

7

跟著錢走

錢能生錢。「凡有的，還要加給他，叫他有餘；凡沒有的、他所有的也要奪去。」（馬太福音 25 章 29 節）愛因斯坦也有相同的觀察，他從一開始就發現複利是「世界第八大奇觀」，「有史以來最了不起的數學發明」，甚至是「宇宙最強大的力量」。不管你喜歡哪一個版本，你都不會忽略他想表達的訊息：絕不能低估倍數型成長。事實上，沒有證據顯示愛因斯坦講過這些話，這些都是偽造的。但這樣硬是把話塞給愛因斯坦，反而更凸顯一個訊息：把畢生的聰明才智當本金投資，愛因斯坦進了墓園之後還持續在收利息，連沒說過的話都會歸功給他。

　　前人的警語大部分被遺忘了，但另一方面，像愛因斯坦和莎士比亞等人的名言佳句卻經常被引述和杜撰。我們不該覺得訝異，因為少數人常有不成比例的成就。1906 年，經濟學家維弗雷多‧帕列托（Vilfredo Pareto）提出後來成為帕列托定律的 80/20 法則，因為他觀察到義大利 80％的土地掌握在 20％的人手裡。這個現象很自然，如同他園子裡 80％的豌豆出自 20％的豌豆莢。嚴重分配不均的奇特模式在自然界和各社會均隨處可見。最具殺傷力的地震比所有小地震全加起來的威力還大上好幾倍。就算把所有小城鎮的規模加起來，在大城市前面看來也很渺小。獨占企業創造的價值遠比數百萬家不具特色的競爭對手加總起來還多。不管愛因斯坦說過或沒說過什麼話，冪次法則（power law）是一個宇宙法則，宇宙最強大的力量，會取這樣的名字是因為指數方程式可以描述嚴重失衡的分配，它完整定義我們的周遭環境，而我們通常不會留意。

　　這一章要告訴你，當你跟著錢走時，冪次法則清晰可見。創投基金的投資人嘗試從新創公司的倍數成長中

獲利，他們投資的少數公司所創造的價值比其他所有公司加總起來的還要多。多數企業不需要和創投基金打交道，但是所有的人都應該清楚知道創投盡力理解的事：我們不是活在正常世界，而是活在冪次法則之下。

▎創投的分配不均

　　創投的目標是找出有前景的新創公司，提供資金並且從中獲利。他們向法人和有錢人募資，組成一檔基金，投資他們認為有機會增值的科技公司。如果判斷正確，他們會拿走一部分的報酬，通常是20％。當他們投資的公司增值，之後股票上市或被更大的公司併購時，創投基金就會賺錢。創投基金的壽命通常長達 10 年，因為要等成功的公司花時間成長，然後才能「退出」。

　　但創投支持的大部分公司都不會上市或被併購；大部分成立沒多久就倒了。由於早期失敗的例子太多，創投基金一開始一般都會賠錢。創投期待它的投資組合裡有成功公司爆發倍數型成長，擴張規模，這樣創投基金

圖 7.1 成功創投基金的 J 型曲線

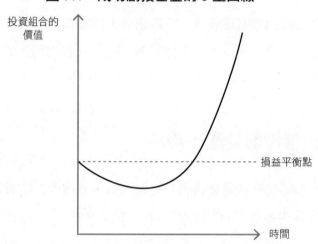

投資組合的
　價值

損益平衡點

時間

就可以在幾年內急遽增值，損益兩平甚至賺錢。（見圖
7.1）

　　最大的問題是什麼時候可以等到這件事發生？對大
部分基金來說，答案是永遠不會發生。大多數的新創事
業會失敗，大部分的基金也會跟著清算。每個創投都知
道他的任務是發覺會成功的公司。不過，就算是經驗老
到的投資人也知道這只是表面現象。他們知道每家公司

都不一樣，但卻低估這些公司的差異程度。

他們錯在期待創投的報酬率出現常態分布，也就是說，表現不佳的公司會倒閉，表現平庸的公司會活下來，表現優秀的公司則會帶來 2 倍甚至 4 倍的報酬。投資人抱持這種無趣的假設，建立多元化的投資組合，希望投資的公司贏家多過輸家。

但這種「亂槍打鳥」碰運氣的作法通常只會製造一個完全失敗的投資組合，投資不到一家優秀公司。這是因為創投基金的報酬率並沒有遵循常態分布，而是遵循冪次法則：少數幾家公司的表現大幅超越其他公司。如果堅持投資分散，而非一心一意追求少數幾家可能變得極有價值的公司，你在一開始就會錯過這些公司。圖7.2 就顯示公司表現與投資報酬率之間的現實狀況和錯誤認知。

我們的創辦人基金（Founders Fund）績效表現就顯示這個被扭曲的模式：在我們 2005 年的投資組合裡，表現最好的是臉書，獲得的收益比其他投資收益加總起來還多。表現第二好的 Palantir，獲得的收益還是比扣

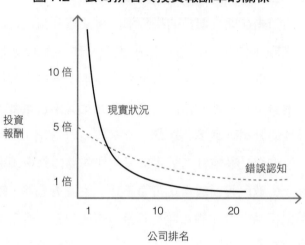

圖 7.2　公司排名與投資報酬率的關係

除臉書後的其他投資收益加總起來還多。極度不均的模
式並非罕見：我們其他的基金也都出現這個狀況。創投
的最大祕密是，**成功基金的最佳投資應該等於或甚至超
過基金其他投資的總和。**

　　這意味創投有兩條守則。第一，只投資獲利可以達
到整檔基金總值的潛力公司。這是個很嚇人的規定，因
為這會消去絕大多數的投資選項。因為即使是非常成功

的公司，通常規模都不大。於是，創投有了第二條守則：因為第一條規定太嚴苛，所以不需要其他規定。

　　想想破壞第一條守則會發生什麼事。安德生霍洛維茲創投公司（Andreessen Horowitz）2010 年對照相軟體 Instagram 投資 25 萬美元。兩年後，臉書以 10 億美元買下 Instagram，安德生霍洛維茲創投公司淨賺 7800 萬美元，不到兩年就賺了 312 倍。這種收益極為驚人，這家公司也贏得矽谷最好公司的名聲。但這還不夠，因為安德生霍洛維茲創投公司的基金規模是 15 億美元：如果投資 Instagram 開了 25 萬美元的支票，他們還必須找到 19 家 Instagram 才能損益兩平。這是為什麼創投通常放比較多的錢到值得投資的公司。（平心而論，如果不是因為和之前的投資有衝突，安德生霍洛維茲創投公司就會在 Instagram 後幾輪的募資投注較多的資金。）創投必須找到能成功從 0 到 1 的少數幾家公司，然後給予全力支持。

　　當然，沒有人可以事前確知那些公司會成功，所以就算最出色的創投公司也有一個「投資組合」。**列在**

「投資組合」的每一家公司必須有在大規模市場成功的**潛力**。我們的創辦人基金大約只專注 5 到 7 家公司，而我們認為每家公司因為有獨特的基本面條件，有機會茁壯成數十億美元的事業。每當你把專注焦點從事業本質轉移到是否合乎多元化避險策略的財務問題，那創投看起來就會很像在買彩券。一旦你以為自己在抽獎，你就已經做好輸錢的心理準備。

▎為什麼沒人看出冪次法則？

為什麼所有的專業創投都沒有看出冪次法則？一方面，事情要過一段時間才會明朗，而且即使是科技投資人也常活在當下。想像一家大企業投資 10 家有潛力成為壟斷事業的公司，這其實已經是少見相當有紀律的投資組合。那些公司在還沒出現倍數成長的初期會長得極為相像，如圖 7.3。

未來幾年，有些公司會倒閉，有些公司會開始嶄露頭角；對不同公司的價值評估會開始出現分歧，但倍數

成長和線性成長的差異尚不明朗，如圖 7.4。

　　然而在 10 年後，創投基金的投資組合裡不會分出成功和失敗的投資，而會分成一項主要投資和其他投資，如圖 7.5。

　　但不管冪次法則的結果多麼明確，仍然無法反映出日常的經驗。由於投資人把多數時間花在扶植新創公司，而且在公司草創初期就參與其中，他們參與經營的大部分公司明顯很普通。投資人和創業者每天感受到的差異大部分來自成功程度的不同，而不是獨霸市場或失敗。而且因為沒有人想放棄一項投資，所以創投通常會花更多時間來協助問題最嚴重的公司，而不是明顯成功的公司。

　　如果連專精新創事業該是倍數成長的投資人都忽略冪次法則的影響力，其他大部分的人會忽略也就不那麼令人驚訝。冪次法則的嚴重分配不均很多人視而不見。例如，矽谷外的大部分人想到創投，可能會想像如美國廣播電視公司（ABC）實境節目《創智贏家》（*Shark Tank*）的一群怪人。畢竟美國每年成立的新創事業只有

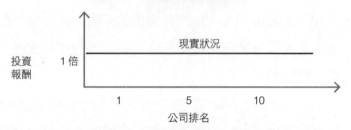

圖 7.3　創投基金剛成立

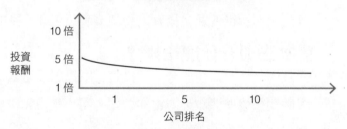

圖 7.4　創投基金進入中期

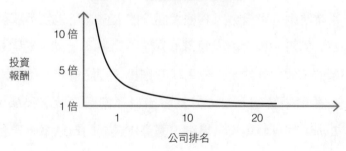

圖 7.5　創投基金成熟期

不到 1％可以爭取到創投資金，而所有的創投投資總額
占國內生產毛額（GDP）不到 0.2％，但這些投資的結
果不成比例的推升整體經濟。創投資助的公司在私人企
業創造 11％的工作。他們的年營收相當於國內生產毛額
的 21％。實際上，前 12 大科技公司都獲得創投支持。
這 12 家公司的總市值超過 2 兆美元，比其他所有科技
公司合起來的市值還要多。

▌冪次法則有什麼用處？

　　冪次法則不僅對投資人非常重要，對每個人也很重
要，因為每個人都是投資人。創業者做的最大投資只是
在花時間成立新公司。因此，每個創業者都必須思考他
的公司能否成功，變得更有價值。而其他人無可避免的
也都會成為投資人。你會去選擇一個職業生涯，是因為
你相信這一行幾十年後仍然有價值。

　　談到如何創造未來價值，最常見的答案就是多元投
資組合：每個人都聽過「別把雞蛋放在同一個籃子

裡」。就像我們說的，最厲害的創投也有投資組合，但了解冪次法則的投資人會盡可能減少投資標的。相反地，一般人和金融業的慣例會認為最有利的作法是多元押注。投資愈分散，面對未來不確定性的避險程度愈高。

但人生不是投資組合，不管對新公司的創業者和任何人來說都不是。創業者不能把自己「多元化」，你無法同時負責十幾家公司的營運，然後祈求其中一家平穩順遂。沒那麼明顯但同樣重要的是，一個人不可能為了把人生多元化，同時留住十幾份可能性差不多的工作。

可是我們學校教的恰恰相反，正規教育傳遞同質、一般的知識。通過美國學校體系訓練的人都學會別用冪次法則思考。每所高中不管什麼課的時間都是 45 分鐘。每個學生以同樣的速率前進。在大學，模範生努力養成一套特殊、少有的技能，以便對未來避險。每所大學都相信「卓越」，按照字母順序排出 100 頁的系所課程表，設計重點似乎是在保證「做什麼不重要，做得好就行」，這錯得一塌糊塗。其實，你要做什麼很重要，

你該全神貫注在擅長的事情上，在此之前，你要想清楚你擅長的事在未來是否有前景。

　　這表示，在這個創投世界，就算天才橫溢，也不一定要自己開公司。現在實在有太多人創業了。懂得冪次法則的人遇到創業時，會比別人多一份遲疑：他們知道加入正快速成長的一流公司也能獲得重大的成功。冪次法則顯示，不同公司之間的差別，遠比公司內部不同角色的差別來得重要。如果自己出錢開公司，你可以擁有100％的股權，但如果公司倒了，你會100％一文不名。相反的，就算只擁有0.01％的Google股權也價值非凡（在寫這本書的當下，這些股權的價值已經超過3500萬美元）。

　　如果你真的自己開公司，一定要記得冪次法則，好好的經營。最重要的事只有一件：一個市場會比其他市場更有利，這我們在第5章討論過；第11章則會提到，一項好的銷售策略通常能睥睨群雄；時間和決策也有冪次法則，某些關鍵時刻的重要性將遠比其他時刻更重要，第9章有這樣的討論。在不相信冪次法則的世界，

別人告訴你的決策通常不是正確的，因為最重要的事絕少顯而易見，甚至像祕密般不為人知。在冪次法則的世界，你必須非常努力思考自己的行動到底會落在 80/20 曲線的那一段，代價差別太大了。

8

偉大的企業都有祕密

今日最耳熟能詳的大道理過去都曾經不為人知。例如三角形邊長之間的關係幾千年來都沒人知道，畢達哥拉斯（Pythagoras）必須絞盡腦汁才發現。如果你想要了解畢達哥拉斯的新發現，加入他創立只吃素食的宗教團體是最快的方法。今天每個人都知道他的幾何學，這是小學生都要學的簡單定理。普通的真相很重要，像是一定要學的基本數學，但是卻不能給你帶來任何優勢，因為這已經不是什麼祕密。

記得我的反主流問題嗎：**有什麼是你跟其他人有不同看法，但是你覺得很重要的事實？**如果我們已經盡力去理解自然界裡所有能被理解的道理，假設所有普通的

圖 8.1　真相與祕密

觀點都已經傳授出去、所有的事都已經做到,那我這個問題就不會有好答案。除非世界上還有尚未發現的祕密,否則與眾不同的想法毫無意義。

　　當然,有很多事我們仍然不懂,有些事也許永遠不可能搞懂,這些事只能算是謎雲,而不是祕密。例如,弦論(string theory)利用被稱為弦(strings)的一維物體振動來解釋物理現象。弦論是對的嗎?我們無法真的設計實驗加以證明,只有少之又少的人理解弦論的所有用處。但這只是因為理解很困難嗎?或是因為這是一個無解的謎雲?兩者的差別至關重要。你可以完成困難的事,但是不可能的事就是辦不到。(見圖 8.1)

　　回想我們那個反主流問題的商務版,**什麼樣有價值**

的公司還沒人創立？每個正確答案都一定是個祕密：有
點重要但未知、有點困難但辦得到的事。如果世界上還
有很多祕密，代表還有許多能改變世界的公司還沒成
立。這章就要幫助你思考這些祕密，並把它們發掘出來。

▌ 世界上還有祕密嗎？

大部分的人表現出天下再也找不到祕密的模樣。抱
持這種看法的極端代表人物是泰德‧卡辛斯基（Ted
Kaczynski），也就是惡名昭彰的「校園炸彈客」。泰
德‧卡辛斯基是神童，16 歲就上哈佛，後來取得數學博
士學位，到加州柏克萊大學擔任教授。但是你只知道他
17 年來針對教授、科技業和商業界人士進行炸彈恐怖攻
擊。

1995 年晚期，政府還不知道校園炸彈客是誰，最大
線索是泰德‧卡辛斯基匿名寄給媒體的 3 萬 5000 字宣
言。聯邦調查局（FBI）請一些重要媒體把這個宣言刊
登出來，希望能幫助突破案情。結果成功了，泰德‧卡

辛斯基的兄弟認出他的寫作風格，向政府舉發。

　　你可能以為那個寫作風格可以看出他神智失常，但詭異的是那篇宣言很有邏輯。泰德‧卡辛斯基主張，為求快樂，每個人都必須設定「付出努力才能達成的目標，而且至少必須能達成的部分目標。」他把人類目標分成三大類：

　　1. 最少努力能達成的目標。
　　2. 大費周章能達成的目標。
　　3. 費盡力氣都無法達成的目標。

　　這是典型簡單、困難和不可能的三分法邏輯。泰德‧卡辛斯基認為現代人之所以憂鬱，是因為世界上所有困難的問題都已經被解決了，剩下的問題不是太簡單，就是不可能的任務，追求這些目標會帶來深深的挫折。你會的事，小孩子也做得到，你不會的事，就算愛因斯坦也辦不到。所以泰德‧卡辛斯基主張摧毀現有機構，剷除所有的科技，讓人類從頭來過，重新開始解決

圖 8.2 嬉皮文青還是校園炸彈客？

校園炸彈客
泰德・卡辛斯基

嬉皮文青
泰德・卡辛斯基

困難的問題。

泰德・卡辛斯基的手段瘋狂，但我們周遭有很多人都跟他一樣對科技進展失去信心。想想都會嬉皮文青那些微不足道卻顯而易見的風格：仿古照片、八字鬍，以及黑膠唱片播放機，全都崇尚那個對未來充滿樂觀想法的舊時代。如果所有值得做的事都已經被做完了，你不如去當個酒保，假裝厭惡成功的樣子。

　　不只是恐怖分子和嬉皮文青，所有的基本教義派都這樣想。舉例來說，宗教的基本教義派不允許困難的問題有著灰色地帶，它們有著連小孩都必須能琅琅上口的簡單真理，還有無法解釋的神蹟。這兩者之間有著異端邪說，也是難以證明真理的地帶。在環保主義這個現代宗教裡，簡單真理是我們必須保護環境，除此之外，大自然最為明智，不容質疑；支持自由市場經濟的人士標榜同樣的邏輯，東西的價值由市場決定，即使是小孩也能查詢股價，但價格是否合理不容質疑，因為市場知道的遠比你多。

　　為什麼社會裡有這麼多人覺得再也沒有什麼困難的祕密留下來？也許是因為地理學的發展。世界地圖上已經沒有一處空白，如果你身在 18 世紀，還有很多地方可以去。在聽到異國冒險故事之後，你可以去當個探險家。這個情況到 19 世紀和 20 世紀初可能都還沒改變，直到之後《國家地理雜誌》（*National Geographic*）拍攝照片，給西方人看世界上最具異國風情和很少人探索的地方。現在，探險家多半只現身在歷史書和童話故事

書，家長不期待小孩成為探險家，正如他們不期待小孩
成為海盜或伊斯蘭國家的國王一樣。也許亞馬遜雨林深
處還有幾個與世隔絕的部落，海洋深處還留有最後一塊
人間邊境，但似乎沒有什麼地方找不到了。

　　隨著地理隔閡已經退到沒有界限，四大社會潮流已
經剷除對祕密的信仰。首先是漸進主義。從很小的時
候，我們就學到做事的正確方式是每次前進一小步，一
天一天去做、一點一點的累積。如果超過進度，或學習
不在試卷上的東西，你就拿不到分數。但完成被要求的
事（而且做的比同學好一點），你就可以拿到優等。這
個過程延伸至整個工作生涯，這是為什麼學術界追求大
量出版瑣碎的資料，而非發現新的領域。

　　第二是避險。大家怕祕密，因為怕自己出錯。顧名
思義，祕密是主流還沒發現的事。如果你的目標是人生
絕不能出錯，你就不應該去挖掘祕密。想到要做一隻行
事正確的孤鳥，對沒有其他人相信的事貢獻生命已經很
難了，孤獨又出錯更教人無法忍受。

　　第三是安於現狀。社會菁英有最大的自由和能力去

探索新思維，但他們似乎最不相信還有祕密存在。如果能舒舒服服的挑選已經做好的事情去做，何苦去探求新祕密？每年秋天，名校法學院和商學院的系主任都會在新生報到時發出這樣含蓄的訊息：「歡迎你進入菁英學校，未來不用再煩惱，你的人生不用愁了。」但只有你不把這話當真，這件事才有可能是真的。

第四是「扁平化」。隨著全球化程度升高，大家開始把世界當成是同質性高、競爭激烈的市場，這個世界是「平」的。根據這個假設，任何可能有野心尋找祕密的人都會先問自己，如果有機會發現新事物，那世界上一大堆更聰明而有創意的優秀分子不是應該已經找到了嗎？這個疑惑的聲音可能打消大家開始尋找祕密的念頭，因為這個世界似乎大到單獨一個人無法做出獨特貢獻。

有個樂觀的說法可以形容這些潮流帶來的結果：今天已經無法創立任何狂熱教派。40 年前，人們比較願意接受知識並不是大家都知道的說法。從共產黨到宣揚印度教的國際奎師那知覺協會（Hare Krishnas），有很多

人覺得他們可以加入指引前程的先鋒覺醒部隊。但在今天，很少有人認真看待這些非正統的觀點，主流社會覺得這是進步的象徵。我們很高興狂熱教派減少，但是這是付出高額代價換來的收穫，這個代價是：對等待挖掘的祕密，我們已失去好奇心。

▌祕密不會消失不見

如果不相信還有祕密存在，你會如何看待這個世界？你必須相信我們已經解決所有偉大的問題，如果今天的常規慣例全都正確無誤，我們可以沾沾自喜的說：「上帝在天堂裡，世界一切美好。」

舉例來說，沒有祕密的世界會是完全正義的世界。任何違反正義的事，一開始只會有少數人發現那不正義，然後慢慢擴散；在民主社會，如果多數人都覺得那件事不正義，不正義的事就無法持續不變。一開始，只有極少數支持廢除奴隸的人才知道奴隸制很邪惡，現在大家都認為奴隸制度不正義，但在 19 世紀初這還是個

祕密。要說今日世界已經沒有任何祕密，意味著我們生活的社會沒有隱藏任何不公不義的事。

在經濟學界，不相信祕密導致的結果就是對效率市場深具信心。但是金融泡沫的存在顯示市場可能極端沒有效率，而且愈多人相信效率市場，泡沫就愈大。1999年，沒有人願意相信網路業的價值被不理性的高估。2005年的美國房市也一樣，當時的聯準會主席艾倫‧葛林斯班被迫承認，有些「地方市場有泡沫現象」，不過「不太可能全美國的房價都在吹泡泡」。市場反映所有可得的資訊，而且不能被質疑。接著房價下跌的現象擴散全美，2008年發生金融危機，數兆美元因此蒸發。結果證明未來有很多祕密，不會因為經濟學家置之不理就消失不見。

當公司不再相信祕密會發生什麼結果？惠普（Hewlett-Packard）的衰敗提供一個令人警醒的故事。1990年，惠普的市值90億美元，接下來迎接的是創造發明的黃金十年。1991年，惠普推出全球首台平價彩色印表機 DeskJet 500C。1993年，惠普發表 OmniBook，

這是全球最早的「可攜式」筆電。隔年，惠普推出全球首台結合印表機、傳真機和影印機的多功能事務機OfficeJet。產品不斷推陳出新帶來甜美成果，讓惠普在2000年中的市值高達1350億美元。

但從1999年末開始，惠普發起新的品牌活動，強調它們是重視「發明」的公司，可是它們卻停止發明新產品。2001年，惠普推出外表光鮮的顧問和支援服務（HP Services）。2002年，惠普和康柏（Compaq）合併，大概是因為惠普也不知道還可以做什麼。到了2005年，惠普的市值已經遽減至700億美元，才5年光景，市值就腰斬將近一半。

惠普的董事會是惠普功能失衡的縮影。惠普的董事分成兩派，只有一派在乎新科技。這一派由湯姆·柏金斯（Tom Perkins）領導，湯姆·柏金斯是一位工程師，1963年接受兩位創辦人比爾·惠列（Bill Hewlett）和戴夫·普特（Dave Packard）的請託加入惠普，主導研發部門。2005年時湯姆·柏金斯已經73歲，他很像從過去樂觀時代穿越時空旅行的訪客，他覺得董事會應該找

出最有前景的新科技，讓惠普開發。但是湯姆‧柏金斯這派輸給由董事會主席派翠西亞‧鄧恩（Patricia Dunn）領導的另一派。派翠西亞‧鄧恩是資深銀行家，她認為對未來科技訂定計劃超過董事會的能力。她主張董事會應該扮演守衛的角色，只要關注會計部門是否行事合宜？大家是否循規蹈矩？

鬧內鬨的時候，董事會有人放風聲給媒體。當派翠西亞‧鄧恩被踢爆安排非法監聽找洩密者時，反彈的力道比先前的內鬨還嚴重，而且董事會丟臉極了。惠普放棄尋找新科技的祕密，全心防堵八卦流言。結果，到了 2012 年末，惠普的市值只剩下 230 億美元，考量物價膨脹之後也沒有比 1990 年高出多少。

▍相信祕密，才能看到隱藏的機會

你不花力氣去找，是找不到祕密的。數學家安德魯‧懷爾斯（Andrew Wiles）有個最佳示範，在經過 358 年許多數學家徒勞無功的嘗試之後，他終於證明費

馬最後定理（Fermat's Last Theorem）。這麼多年都沒有
人解決這個問題，這幾乎可以說是一項不可能的任務。
1637 年，皮埃爾・德・費馬（Pierre de Fermat）推測，
當整數大於 2 時，沒有任何三個整數 a、b、c 可以滿足
等式 $a^n + b^n = c^n$。他宣稱已經證明出來，但到死前卻沒
寫下來，這讓他的推測成為數學界未解的難題。而安德
魯・懷爾斯在 1986 年開始祕密研究，直到 1993 年知道
快要找到答案時才透露出來。經過 9 年的辛勤努力，終
於在 1995 年證明費馬的推論正確。他需要對成功充滿
信心，也需要對這個祕密懷抱信心。如果覺得困難的事
不可能做得到，你根本不會打算嘗試著去做。相信祕密
是一個很有效的信念。

還有更多祕密等待發掘，但只有堅持不懈的人才找
得到。不管在科學、醫學、工程和科技領域都大有可
為。我們能做到的是連科學革命（Scientific Revolution）
最有智慧的專家都不敢明講的雄心壯志，而不只是今天
傳統科學覺得厲害的事。我們可以治療癌症、失憶，所
有因老化和新陳代謝變慢所引發的疾病；我們可以找到

生產能源的新方法，讓地球不必再為化石燃料起紛爭；
我們能發明更快的移動方法，在地球表面旅行；甚至可
以學習完全離開地球，到新的邊境定居。但除非我們非
常想知道這些祕密，而且逼自己去尋找，否則永遠無法
一窺究竟。

　　商場上也一樣。偉大的公司可以打開世界運作的未
知祕密。想想矽谷的新創事業如何利用我們身邊忽略的
閒置產能。在網路訂房網站 Airbnb 出現以前，旅客除
了付高價入住旅館外，沒有其他選擇，屋主也無法輕鬆
有效的把沒有利用的空間出租。當別人視而不見的時
候，Airbnb 看見沒有被利用的供給與沒被滿足的需求；
對私人汽車服務業者 Lyft 和 Uber 來說也一樣，很少人
覺得僅僅把想去某個地方的乘客和願意載客的司機連結
起來，就能建立一個價值 10 億美元的事業。我們已經
有政府核准的計程車和豪華禮車，只有相信祕密存在且
願意尋找祕密，你才能跳脫傳統，清楚看見眼前隱藏的
機會。包括臉書在內許多網路公司之所以被低估也是同
樣的原因，他們雖然很簡單，卻有著祕密。回過頭來

看，這麼簡單的想法都可以是重要有價值的事業，那一定還有很多公司尚待成立。

▌ 找出祕密的方法

祕密有兩種：自然的奧祕和與人類有關的祕密。自然的奧祕到處都是，要找到他們，必須研究真實世界還沒探索的部分；與人類有關的祕密不同，它們是大家對自己不夠了解的地方，以及隱藏起來不為人知的事。在考慮要創立哪一種公司之前，有兩個特別的問題要先問自己：有哪些祕密大自然沒有告訴你？有哪些祕密別人沒有告訴你？

我們很容易假設大自然的奧祕最重要，尋找這些祕密的人聽起來都很權威。這是為什麼很難跟物理學博士工作的原因，因為他們知道最基礎的道理，覺得自己知道所有真相。但是懂得電磁理論就能自動成為優秀的婚姻諮詢師嗎？懂得萬有引力的專家會比你更懂你從事的產業嗎？在 PayPal，我曾經面試一位應徵工程師的物理

143

博士，我的第一個問題才說到一半，他就大喊：「停，我已經知道你要問什麼。」但是他錯了，我第一次用這麼快的速度決定不要錄取一個人。

與人類相關的祕密相對比較不被重視，也許是因為你不需要 12 年的高等教育就能開口問出關鍵問題：什麼是大家都不能談的事？哪些是被禁止的事，或者是禁忌？

有時候，尋找自然奧祕和與人類相關的祕密都會得到一樣的真相。再回想一下獨占的祕密：**競爭和資本主義完全相反**。如果你還不知道，你可以很自然的從經驗中發現：如果對企業獲利進行量化研究，你會看到有些公司因為競爭被淘汰。你也可以用比較人性化的方法詢問：公司經營者不應該說什麼話？你會注意到獨占事業的老闆會對他們的壟斷地位輕描淡寫，避免政府監管，競爭激烈的企業卻策略性的誇大他們的獨特之處。很多公司外表看來差異不大，其實相距十萬八千里。

最適合找尋祕密的地方就是沒有人注意的地方。大部分的人只考慮他們學過的東西，而學校教育的目的就

是教導傳統智慧。所以你可能會問：有沒有很重要但還沒有標準化和制度化的領域？舉例來說，各大學一定有物理系，這是基本的學科。對應物理學的可能是天文學，但天文學可能不重要。那營養學呢？營養學與每一個人有關，但哈佛沒有這個科系，多數頂尖科學家都到別的領域去了，營養學的重要研究多半是 30、40 年前發展的，而且大部分都有嚴重缺陷。食物金字塔（food pyramid）教我們少吃脂肪，吃大量穀類，但這可能只是大食品公司遊說的結果，並不是真正的科學。這個領域最大的變化是肥胖的問題更加惡化。其實還有很多事可以學習，我們對遙遠星球的物理常識，可能比對人類營養的認識更加豐富。研究營養學並不簡單，但很顯然不是不可能做到，這正是可能挖出祕密的地方。

▍選人少的路去走

　　如果你找到祕密，你要告訴別人嗎？或者閉上嘴巴什麼都不說？

　　這要看是什麼祕密：有些祕密比較危險。就像在
《浮士德》（*Faust*）中，浮士德跟華格納說：

　　少數知道其中奧祕
　　卻笨到掏心掏肺
　　把想法全透露給台下觀眾的人
　　總是被送上十字架或被判火刑

　　除非你的信仰完全合乎傳統，不然告訴大家你知道
的所有事情通常不是好主意。
　　那要告訴誰？不管你必須要跟誰說，你都不要多
講。實務上，在誰都不講和告訴每個人之間永遠有一個
黃金平衡，那就是公司存在的目的。厲害的創業家都知
道：每個偉大企業都建構在不為外界所知的祕密上，一
間偉大公司就是一個合力改變世界的計劃，你分享祕密
時，聽眾會成為你的同志。
　　托爾金（Tolkien）在奇幻小說《魔戒》（*The Lord of
the Rings Rimgs*）寫下：

路無盡綿延
從門前開始，開展出去

　　人生是個漫長的旅程；遍布前人足跡的這條路看不
到盡頭。不過這個故事後面還有另一首詩：

新路徑和祕密入口可能就等在不遠處
今天路過的時候雖然沒看到，
明天可能朝同樣的方向去，
選那條通往皎月或朝陽的隱密小徑走去。

路不必然要無窮無盡，選那條隱密小徑走吧！

9

基礎決定命運

每間偉大的公司都很獨特，而要做好每個事業，一開始都要做對幾件事。因為我經常強調這點，所以很多朋友戲稱這是「提爾法則」：**基礎不穩的新創公司沒得救。**

　　一開始都是特別的，這跟之後發生的事情有本質上的不同。138 億年前宇宙的誕生就是如此，在剛形成的前幾百萬分之一秒，宇宙以 10^{30} 的倍速擴張，那時的物理法則和我們現在知道的並不相同。

　　227 年以前的美國獨立也是這樣，建國元勳在最初幾個月的制憲會議上公開辯論一些基礎問題，例如中央政府的權力應該多大？國會代表要如何分配？不管你對

那年夏天在費城達成的折衷妥協有什麼看法，之後要修改都很困難：1791 年增修「人權法案」（Bill of Rights）後，美國僅修憲 17 次。今天，加州在參議院的代表權和阿拉斯加一樣大，即使加州人口超過阿拉斯加 50 倍。也許這是特色，並不是錯誤，不過只要美國還在，這些規定就不會改變，就不可能再開修憲會議。今天會引起辯論的議題都是比較小的議題。

在這方面，公司和國家很像。早期做了一個差勁的決定就很難在日後彌補，像是你選錯創業夥伴或是雇用不對的人。最後可能要等到被判破產的危機出現才會有人想要修正。身為創業者，你的首要工作是把第一件事做對，因為你無法在有缺陷的基礎上建立偉大的公司。

▌以找另一半的態度選合夥人

在一開始創業的時候，最先也是最重要的決定就是找搭擋。選擇共同創辦人就跟結婚一樣，創辦人鬧內鬨就跟離婚一樣難堪。因為每段關係的一開始都洋溢著樂

觀的氣氛,想清楚哪裡可能出錯不是浪漫的事,所以大家都不去多想。但如果創辦人變得勢不兩立,公司鐵定會受害。

1999 年,路克‧諾賽克(Luke Nosek)跟我一起創辦 PayPal,至今仍和我在創辦人基金共事。但在創立 PayPal 的前一年,我投資路克‧諾賽克和別人一起創辦的公司。那是他的第一家新創事業,也是我的早期投資。不過這項合資案一開始就注定失敗,因為路克‧諾賽克和他的合夥人根本合不來。路克‧諾賽克是才華洋溢、與眾不同的思考家;他的合夥人則是典型的企管碩士畢業生,不想錯過 1990 年代淘金潮。他們在一場聚會中認識,短暫交談之後就決定共創事業。這跟在拉斯維加斯吃角子老虎機前面碰到的第一個人結婚沒兩樣,也許有機會一拍即合,但更可能會不歡而散。後來他們的公司結束了,我的錢也飛了。

現在,我投資新創公司的時候,我會研究創辦團隊。技術能力和才華互補當然重要,但創辦人彼此有多熟、合作默契有多好也一樣重要。創辦人在創業之前應

該要有深厚交情，否則就像擲骰子碰運氣一樣。

▌所有權、經營權和控制權的分工

不只創辦人必須處得來，公司裡的每個人都必須合作愉快。矽谷的自由派人士會說，獨資就能解決這個問題。雖然佛洛依德（Freud）、榮格（Jung）和其他心理學家的理論認為一個人的理智會和自我對抗，但至少在商業界，為自己工作至少可以保證想法一致。不幸的是，這也限制你創辦企業的類型。沒有團隊支援，想要從 0 到 1 非常困難。

矽谷的無政府主義者會說，只要找到對的人，公司成員還是可以一條心，沒有任何管理架構也能平穩茁壯。工作中發生意料之外的好事和想像不到的混亂，可以協助「瓦解」世界上其他人制定並遵守的舊規。沒錯，「如果人類是天使，根本不需要建立政府」，但無政府主義的公司沒留意美國第四任總統詹姆士·麥迪遜（James Madison）的觀察：人並不是天使。這是為什麼

管理公司的高階主管和督導他們的董事會各自扮演不同的角色。這也是為什麼必須正式界定創業者和投資人的權限。你需要合群的優秀人才，也需要一個架構，協助大家長期做好份內的工作。

分辨出以下三件事情，可以幫助你找出公司可能出錯的來源：

· 所有權（Ownership）：在法律上，誰擁有公司股權？
· 經營權（Possession）：誰實際上負責公司的日常營運？
· 控制權（Control）：誰真正負責督導公司事務？

新創公司的所有權一般都分散在創辦人、員工和投資人手上；經理人和員工則經營公司，享有經營權；董事會則實際控制公司，通常是由創辦人和投資人組成。

理論上，這樣的分工可以運作順暢。提供部分的公司所有權可以吸引投資人和員工，是很好的財務獎勵。

授權給創辦人和員工是很有效的掌控權激勵，可以讓他
們完成工作；而經過董事會的督導，經理人的決策會有
更寬廣的眼界。實務上，每個人有著不同的功能有其道
理，但也增加出狀況的機會。

　　汽機車監理所就是一個最極端的例子。如果你現在
需要拿到一張新駕照，理論上應該不難，監理所是政府
機關，我們在民主國家生活，所有權力操之在「民」，
人民選舉代表進入政府機關服務全民。如果你是公民，
就具有監理所的部分所有權，你選出的代表控制監理
所，所以你應該可以走進監理所，得到一張駕照。

　　當然，事情不是這樣發展。身為人民，我們雖然
「擁有」監理所的資源，但分到的所有權微不足道。辦
事員和經營監理所業務的低階暴君握有刁難的權力。就
算在名義上負責經營監理所的州長和州議會也不能改變
任何事。官僚體制因惰性而蹣跚跟蹌，不管民選官員採
取何種行動都一樣。監理所不對任何人負責，當然也不
甩任何人。官僚體系依一己的判斷，能讓你的考照經驗
上天堂，也能讓你下地獄。你可以引用政治理論提醒他

們誰才是老闆，但這都不可能讓你得到比較好的服務。

　　大公司雖然比監理所做得好，但還是很容易出錯，特別是所有權和經營權之間會有牴觸。例如通用汽車（General Motors）這種大公司的執行長擁有部分股權，但只占所有股權的一小部分。因此，這等於變相鼓勵CEO透過經營權而非所有權來獎勵自己，也就是不論公司實際價值如何，只要端出亮麗財報就足以保有高薪和私人飛機。即使他以「股東價值」的名義獲得股票獎勵，但利益不一致的狀況仍可能存在。如果股票是短期表現的獎勵，對CEO來說，刪減成本是更有利可圖也更簡單的作法，而不必投資在為股東創造更多價值的長期計劃上。

　　初期的新創事業和大公司不同，新創事業的規模小到創辦人通常同時手握所有權和經營權。大部分衝突來自所有權和控制權的齟齬，也就是在創辦人和董事會的投資人之間。因為利益相左，衝突機會隨時間經過持續累積，董事們可能想儘快上市，為他代表的創投公司添一筆豐功偉業，然而創辦人會希望不要上市，持續擴大

業務。

在董事會，少就是多。董事會愈小，董事們就愈容易溝通、達成共識，並有效監督。然而，有效溝通意味著碰到衝突時，小型董事會可以趕管理階層下台。這是為什麼要慎重選擇董事的原因，因為每位董事都很重要。就算只有一個問題董事也會產生困擾，甚至有可能危及公司前途。

三人董事會很理想。你的董事會應該不會超過 5 個人，除非是上市公司。（政府規定上市公司要有比較大的董事會，平均 9 個人）。最糟的莫過於董事會規模龐大。外行人看到非營利組織有十幾名董事會以為：「這麼多卓越的人參與，一定經營得很好！」事實上，一個很大的董事會根本無法有效監督公司經營，這只是為幕後的獨裁者提供掩飾。如果你不想受到董事會約束，就把董事會的規模膨脹得很大。如果要有一個有成效的董事會，規模必須很小。

▍不上車共患難，就下車走人

　　一般而言，加入公司的每個人都該全職投入，但有時候必須打破這個規則，例如聘請外部律師和會計師就是很合理的做法。不過，沒有股票選擇權或沒有固定薪水的人基本上跟公司利益不一致。在利益考量下，他們會偏向在短期內多領點錢，而不是協助創造更多未來價值。這是為什麼聘請顧問行不通，兼職員工也不行，連遠距上班都該避免的原因，因為他們不是全職員工，沒有每天跟你在同一個地方工作，可能會因此發生利益衝突。要決定是否要找人進入董事會，你只有兩種選擇。美國 20 世紀小說家肯恩・凱西（Ken Kesey）說得對：不上車共患難，就下車走人。

▍現金獎勵不是好工具

　　對全心投入的人來說，他們應該獲得適度的報酬。每當創業家請我投資他的公司時，我會問他打算付給自

己多少錢？一家公司付給執行長的錢愈少，表現愈好，這是我投資數百家新創事業所注意到的事。**一個有創投投資的新創公司，初期執行長的年薪絕對不可能超過15 萬美元**。他以前是否在 Google 領到更多錢，或是有著高額房貸和私立學校帳單要付都不是重點。如果執行長的年薪超過 30 萬美元，他可能更像是一個政客，而不像一個創業者。高薪會給他誘因維持現狀，捍衛目前的薪水，而不是和其他人一起努力找出問題並積極解決。缺少現金的執行長反而會專注提高公司的整體價值。

執行長的低薪也為其他人設下標準。美國雲端科技公司 Box 的執行長亞倫・李維（Aaron Levie）總是很謹慎，領的永遠比同事少。創立 Box 4 年後還是住在距離總部辦公室兩條街只有一個房間的公寓，裡面除了床墊之外沒有其他家具。每個員工都注意到他盡全力要達成公司的使命，所以也追隨仿效。執行長不一定要用領取最低薪來樹立模範，對薪水設下最高的上限也有相同的效果。只要這個數字還算節制，就等於對現金報酬設了

上限。

　　現金很有吸引力，它提供純粹的可選擇性
（optionality），也就是說，現金一旦到手，想要怎麼花
都可以。但高額的現金報酬是讓員工取走公司已有的價
值，而非讓員工投資他們的時間，為未來創造新價值。
現金紅利比薪資稍好，至少領取時看的是員工的優秀表
現。但即使是所謂的績效獎金也都是鼓勵獲取短期價值
的思維。任何用現金支付的薪資都比較是著眼在現在，
比較沒有著眼在未來。

▌股票報酬才能讓員工全力以赴

　　新創公司不需要支付高薪，因為他們提供更好的東
西，也就是部分的公司股票。股票是一種報酬，可以有
效引導員工去創造未來的價值。

　　然而，為了讓股票創造出員工全力以赴的精神，不
發生內部衝突，必須做很小心的分配。每個人分到一樣
多的股票通常是錯的，因為每個人的天分和職責不同，

機會成本也不同，所以齊頭式平等既武斷也不公平。另一方面，一開始給的就不一樣當然也不公平。這個階段引發的怨恨可以扳倒一家公司，但沒有方法可以完全避免怨言產生。

　　這個問題會隨著更多人加入公司愈來愈嚴重。早期員工通常會領到最多的股票，因為他們冒比較大的風險，但晚一點進公司的員工可能對新創公司的成功有更關鍵的影響。1996 年加入 eBay 的祕書小姐領到的股票可能比馳騁沙場的產業老將主管多 200 倍，因為這個主管 1999 年才加入公司。2005 年替臉書辦公室妝點牆面的塗鴉藝術家分到的股票後來價值 2 億美元，而一位 2010 年加入的優秀工程師可能只能賺到 200 萬美元。由於分配所有權時不可能完全公平，創辦人會努力對相關細節保守祕密，在全公司發送詳列每人股權的電子郵件就像在辦公室投下一枚核彈一樣恐怖。

　　不過大多數的人根本不想要股權。PayPal 有次聘請一個顧問，他承諾要幫我們開發業務，爭取利潤豐厚的交易。結果他唯一談成的是自己 5000 美元的日薪，而

且拒絕用股票選擇權抵付。雖然也有新餐廳的廚師晉身百萬富翁的故事，但股票通常沒有什麼吸引力，因為不像現金有流動性，可以快速交易，而且因為股票只與特定公司連結，如果那家公司沒有成功，股票就會一文不值。

但正因為有這些限制，股票變成一個很強大的工具。任何比較喜歡以公司股票當薪資，而不是得到現金的人，都透露出他比較重視長期發展，願意付出努力來提升公司的未來價值。股票無法創造完美的誘因吸引員工加入公司，卻是創辦人能讓大家都站在同一陣線的最好方法。

▎讓創業持續

美國民謠搖滾教父巴布狄倫（Bob Dylan）說過，一個人不是忙著出生，就是忙著等死。如果他說的沒錯，那出生並不是一剎那的事，你可能要設法持續做些什麼，至少這是一種有詩意的說法。然而一家公司的創

立就發生在那一刻，只有在一開始有機會訂下規矩，要
大家朝向創造未來價值的方向走。

　　最有價值的公司會對創新永遠維持開放的態度，這
是公司剛創立最大的特色。這會引導出創業不太明顯的
第二層定義：只要還在創造新的東西，創業就還沒結
束，一旦不再創造新的東西，創業就結束了。如果創業
的時機正確，你將不只創辦一家有價值的公司，你還可
以讓公司在未來繼續創造新的事物，而不會只是承襲過
去的成就，只是在管理公司，你甚至可以讓創業無限期
的延長。

10

組織的幫派文化

開始先來動動腦：理想的公司文化應該是什麼模樣？員工應該要熱愛他們的工作，因為很喜歡上班，所以沒有正式的辦公時間，也沒人去注意牆上的時鐘。工作場所應該是開放空間，沒有隔間，員工覺得像在家一樣自在，懶人沙發椅（beanbag chair）和乒乓球桌的數目可能比檔案櫃還多。免費按摩、內聘壽司師傅，甚至有瑜珈課增添溫暖氣息。寵物也應該會受到歡迎，也許員工可以帶貓和狗來上班，和辦公室一整缸的熱帶魚一起成為非正式的吉祥物。

這幅景象有什麼問題？這裡面有著矽谷出了名的一些誇張福利，卻沒有實質內涵。沒內涵，就算有再多福

利也不管用。只是聘請室內設計師美化辦公室、「人資專家」制定政策，或是品牌專家想一句流行廣告詞並無法達成任何有意義的事。「公司文化」無法脫離公司而單獨存在：沒有公司擁有文化，公司就是文化。新創公司是背負使命的一個團體，文化的好壞取決於內涵。

▍尋找想加入團隊的人

　　我創立的第一支團隊在矽谷有「PayPal 幫」（PayPal Mafia）的名聲，因為許多舊同事會互相幫忙創辦或投資成功的科技公司。2002 年，我們開價 15 億美元把 PayPal 賣給 eBay。在那之後，伊隆・馬斯克成立太空運輸公司 SpaceX，與其他人共同創辦特斯拉汽車公司（Tesla Motors）；雷德・霍夫曼（Reid Hoffman）成為社群網站 LinkedIn 的共同創辦人；陳士駿、查德・賀利（Chad Hurley）和賈德・卡林姆（Jawed Karim）共同創辦 YouTube；傑瑞米・史塔普曼（Jeremy Stoppelman）和羅素・席蒙斯（Russel Simmons）共同創辦地方資訊

網站 Yelp；大衛・薩克斯（David Sacks）是企業社群網站 Yammer 的共同創辦人；我則是軟體公司 Palantir 的共同創辦人。今日，這 7 家公司的市值都超過 10 億美元。雖然 PayPal 的公司福利從沒有受到媒體關注，但團隊成員不管分開或合在一起的表現都很卓越，公司文化強勢到超越原本的公司。

　　我們並不是透過履歷表篩選，然後雇用最有天分的人組成 PayPal 幫。我在紐約法律事務所工作時，看到這樣篩選員工的方法好壞參半。和我共事的律師們都負責重要業務，每個人都優秀得不得了，但彼此間的交情卻十分淺薄。他們整天相處，出了辦公室卻無話可聊。為什麼要跟一群甚至不喜歡彼此的人共事？很多人似乎認為這是賺錢要做出的必要犧牲。但純以專業的觀點來看，就像自由球員因為交易而進出球隊一樣，這樣的工作場合比彼此冷淡還糟糕，這甚至不夠理智。因為時間是最有價值的資產，不該拿來和沒有相同願景的人共事。如果花時間工作，卻無法建立深厚持久的人際關係，這表示你並沒有善加投資你的時間，即使從純財務

的觀點來看也是如此。

從一開始,我就希望 PayPal 的團隊有著強烈向心力,而不只是一份工作。我認為同事間的深厚交情不僅會讓上班更開心、工作表現更出色,也讓我們的職業生涯更成功,即使離開 PayPal 也一樣。所以我們開始向外尋找真心喜歡團隊合作的人。他們必須有才華,但更重要的是,必須特別興奮可以與我們共事,這就是 PayPal 幫的起源。

▌對員工承諾其他公司做不到的事

招募工作是每一家公司的核心能力,永遠不該外包。你需要的不只是履歷表上看來厲害的人,還要能在雇用後充分與人合作的人。最早的 4、5 個員工也許是因為有大量的股票分紅或很高的職位而吸引進來,但相對於那些明顯的外在條件,更重要的是你要回答下面的問題:**為什麼第 20 名員工要加入你的公司?**

有才華的人不需要為你工作,他們有很多選擇。所

以你必須問一個更明顯的問題：**能到 Google 享受高薪和地位的人為什麼會想加入你的公司成為第 20 位工程師？**

　　這裡有些不算好的回答：「你在這裡拿到的股票選擇權會比其他地方值錢。」「可以和全世界最聰明的人共事。」「你可以協助解決全球最有挑戰性的問題。」有價值的股票、聰明的同事或很有挑戰性的問題有什麼不妥？其實沒有，但是每家公司都這樣說，你根本無法勝出。跟別人沒有差別的一般論調並沒有說明為什麼應徵者應該加入你的公司，而不是去其他公司。

　　唯一的好答案必須針對你的公司量身訂做，所以在這本書裡找不到這個問題的答案。但一般來說，好答案有兩種，一種跟你的使命有關，一種跟你的團隊有關。如果你可以解釋你的使命為什麼如此吸引人，就可以吸引到你需要的員工：不只是說這個使命為什麼如此重要，還是說明為什麼要做別人做不到的大事。這是唯一讓你的理由顯得獨一無二的辦法。在 PayPal，如果你對創造新數位貨幣來取代美元深感興趣，我們會想要找你

談，如果不感興趣的話，你就不適合這個團隊。

　　然而，光有一個偉大的使命還不夠。那些進公司後最投入工作的員工會懷疑：「我想要跟這些人共事嗎？」你必須能解釋你的公司和他是獨一無二的速配。如果你無法做到這件事，那他也可能不適合這間公司。

　　最重要的是別陷入福利戰。理想的新成員不會計較送洗衣物免費取件或寵物照護服務，你只須負擔像健保這種基本福利，然後承諾別人做不到的事，承諾這是一份無法替代的工作，可以和優秀同事共同研究解決特殊問題。你提供的薪資福利可能比不上 2014 年的 Google，但如果你對自己的使命和團隊都已經有一個很好的答案，你可以是 1999 年的 Google。

▌每個員工都要一樣的與眾不同

　　從外面看，你公司的每個人都該有同樣與眾不同的氣質。

　　美國東岸的人會因為所屬產業，穿一樣的窄管牛仔

褲或條紋西裝；山景市或帕拉奧圖市的年輕人則不一樣，他們都穿 T 恤上班。科技業員工不在乎穿著打扮已經不是新聞，但仔細看他們的 T 恤，你可以看到他們公司的識別標誌，而這是科技公司非常在乎的事。印有公司名稱的 T 恤和帽 T 既能立刻將員工和外人區分開來，又讓他和同事看起來一樣。新創公司的制服代表一個簡單重要的原則：公司的每個人都該一樣的與眾不同，他們是努力達成公司使命、志趣相投的族群。

　　和我一起創辦 PayPal 的馬克斯·雷夫金說，新創公司早期員工的個性應該盡可能相似。新創公司資源有限、團隊很小，他們必須快速、有效率才能存活下來，而且每個人對世界的看法一致時比較容易運作。早期的 PayPal 團隊合作愉快，因為我們都是玩電腦的宅男，都喜歡科幻小說：尼爾·史蒂芬森（Neal Stephenson）的科幻小說《編碼寶典》（*Cryptonomicon*）是我們的指定讀物，而且我們比較喜歡頌揚資本主義的《星際大戰》（*Star Wars*），而不是頌揚共產主義的《星際爭霸戰》（*Star Trek*）。最重要的，我們都對創造出由個人控制而

不是政府控制的數位貨幣著迷不已。要讓公司運作,員工的外貌和出身並不重要,但我們需要每個新雇用的人都一樣著迷數位貨幣。

▌確保公司內部和諧

在公司外,大家有一致的氣質;在公司內,每個人都因負擔獨特的工作而非常不同。

在新創公司裡分派工作給員工,就像是解決一個簡單的最適化問題,把天賦與工作任務做最有效的結合。但是就算能把這件事做得完全正確,每個解決方案也都可能會快速瓦解。部分原因是新創事業必須快速反應,所以一個人的角色無法長久維持不變。另外也因為工作指派不僅是員工和工作任務之間的關係,也是員工之間的關係。

我擔任 PayPal 經理人時做過最棒的事是讓公司裡的每個人只負責做一件事。每個員工負責的工作都很獨特,每個人都知道我只會以那件事來評量他的表現。我

會這樣做只是因為要簡化管理的工作。但我發現一個更深層的成果：定義明確的角色可以減少衝突。公司裡會發生爭執，大部分是因為同事競爭相同的職責。新創公司面對這樣的風險特別的高，因為新創公司早期的工作角色並不明確。消除競爭讓大家比較容易建立工作專業以外的長期交情。除此之外，內部和諧是新創公司的存活要件。我們常以為失敗的新創公司是在競爭激烈的生態環境中敗給嗜血的對手，但每家公司也都有自己的生態系統，派系惡鬥會讓公司無力應付外在威脅。內部衝突就像是自體免疫疾病，致死的理由也許是肺炎，但真正的死因卻無法一眼就看出來。

▌發展教派文化

在關係最緊密的組織，組織成員只會和其他成員往來。他們忽略家人，無視外在世界，換來的是強烈的歸屬感，他們也許悟得平常人求之不得的隱祕「真理」。我們稱呼這種組織為教派。外人覺得他們全心全意付出

圖 10.1　顧問與教派的區別

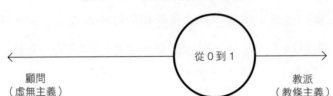

的文化十分瘋狂，部分原因是最出名的教派都有殺人傾向：美國人民聖殿教創辦人吉姆‧瓊斯（Jim Jones）和加州犯罪集團曼森家族的領導人查爾斯‧曼森（Charles Manson）都沒有好下場。

　　但是創業家應該嚴肅看待極端的奉獻文化。對工作冷淡的態度是員工心理健康出狀況的一個訊號嗎？專業態度是唯一理性的途徑嗎？與教派全然不同的則是像埃森哲（Accenture）這種顧問公司，不僅沒有獨特的使命，而且顧問來來去去，和公司沒有長久的連結。

　　每家公司的文化差異可以從圖 10.1 看出來。

　　最好的新創事業也許被視為不那麼極端的教派。最大的差異在於教派對重要的事通常錯得離譜，成功的新

創公司對外人不理解的事卻有非常正確的看法。你無法從顧問那邊學到這些，你也不必擔心傳統專業人士不理解你的公司，被外人稱為教派或幫派不是件壞事。

11

顧客不會自動上門

推銷員無所不在,可是大多數的人還是會低估他們的重要性,其中,矽谷給他們的評價更差。科技宅男必讀的科幻小說《銀河便車指南》(*The Hitchhiker's Guide to the Galaxy*)甚至描述地球創立是為了對抗推銷員。因為地球就要被摧毀,人類必須撤離原本的星球,大難臨頭之際,所有人逃上三艘巨型船艦。思想家、領導人和成功人士上了 A 船,推銷員和顧問上 B 船,工人和藝術家則上了 C 船。B 船最先開船,在上面的所有乘客都大聲歡呼,但他們卻渾然不知已經掉進陷阱。A 船和 C 船的人向來覺得 B 船乘客一無是處,所以共謀擺脫他們。最後,B 船降落在地球。

在科幻世界，銷售也許不重要，但在我們的世界卻很重要。之所以低估銷售，低估為了把產品銷售出去的一切努力，是因為我們和 A 船與 C 船的人有一樣的偏見，我們認為推銷員和其他「中間人」只會擋路，而且好產品問世後，銷售自然會神奇的自動到位。這也是電影《夢幻成真》（*The Field of Dreams*）描述夢想的劇情在矽谷特別受到歡迎的原因。矽谷的工程師都想打造酷炫的產品，從沒想過該怎麼賣。不過，顧客不會因為你創造的產品自動上門，你必須設法去找到顧客，而這件事看來簡單，做起來卻不容易。

█ 每個人都會被廣告影響

美國廣告業每年的收入是 1500 億美元，從業人員超過 60 萬人；行銷業規模更大，每年的收入是 4500 億美元，規模更勝一籌。聽到有 320 萬美國人從事銷售業務，經驗老道的業界主管會覺得這個數字有點低，但工程師可能抱怨，要那麼多推銷員做什麼？

　　在矽谷，科技宅男質疑打廣告、行銷和推銷的效果，因為這些看來都很膚淺不理性。但打廣告很重要，因為廣告確實有效果，對科技宅男有效，對你也有效。你可能覺得自己是一個例外，沒有人能操縱你的偏好，廣告只會影響其他人。因為很容易抗拒顯而易見的推銷術，所以我們自以為能獨立思考。但廣告的目的並不是要你馬上買產品，而是讓你不知不覺地將產品的印象深植腦中，之後再帶動銷售。一個無法察覺廣告影響的人反而會被騙。

　　科技宅男習慣的是黑白分明的世界。他們透過成為某種技能（例如寫電腦程式）的專家來增加價值。在工程學界，一個解決方案不是行得通，就是失敗，所以要評估別人的工作相當容易，外表表象根本不重要。但推銷員卻恰恰相反，他們精心設計活動來改變表象，但不修改實質內容。工程師認為這種做法只是雕蟲小技，甚至根本不誠實。工程師自己知道他們的工作難度很高，所以看到推銷員在電話中和客戶談笑風生或共進兩小時午餐，就會懷疑推銷員沒有在做事。其實人們太高估科

技與工程工作的難度，實在是因為這些領域的挑戰太明
顯。科技宅男不知道要讓推銷看起來輕鬆自如也要花很
多功夫。

▎追求不著痕跡的推銷

所有推銷員都是演員：他們的首要任務是要說服對
方，而不是表現出真心誠意。這就是為什麼「推銷員」
會變成一個貶抑詞、二手車業務員變成陰險代表的原
因。但我們只嫌棄手法拙劣、別有用心的推銷員，這些
都是差勁的推銷員。推銷功力差別很大，有新手、專
家、大師與推銷之神。如果你不認識推銷之神，不是因
為從來沒碰過，而是因為你無法一眼就認出他們。《湯
姆歷險記》（*The Adventures of Tom Sawyer*）的主角湯
姆·索亞（Tom Sawyer）成功說服朋友替他粉刷圍牆，
這是大師級的銷售手法。自從 1876 年馬克吐溫（Mark
Twain）寫成這本書之後，這種說服他們心甘情願掏錢
換取打雜幹活工作的銷售手法並沒有太大的變化。

　　跟演戲一樣，不著痕跡的推銷效果最好。所以不管銷售、市場行銷或廣告界，只要工作中牽涉到銷售，每個人都有個跟銷售無關的職稱。銷售廣告的人叫「專案執行」（account executives），銷售顧客的人叫「業務開發」（business development），銷售企業的人叫「投資銀行家」（investment bankers），銷售自己的人叫「政客」（politicians）。改名換姓大有道理，因為沒有人想被提醒自己被賣了。

　　不管是哪種職業，都可以依推銷功力分出超級巨星和小配角。在華爾街，新人從強調技術專業的「分析師」做起，但目標是晉身為交易員；律師以專業資格自豪，但事務所由能拉進大客戶的高手主導。即使是因為學術成就而享有權威的大學教授，都會嫉妒那些能呼風喚雨、吹捧自己的人。歷史或英文相關的學術思想不會因為知識水準高而大受歡迎。即使基礎物理的研究主題和癌症研究方向的決定也都是遊說的成果。連企業人士都低估推銷的重要性，最根本的理由是，在這個悄悄由銷售驅動的世界，每個領域的各個層級都很有系統的在

隱藏推銷。

　　工程師的終極目標是追求一種好到「不用推銷就賣得掉」的產品，但這樣形容一款真實產品的人一定在撒謊，他不是在妄想（欺騙自己），就是正設法推銷某種東西（而這會造成自我矛盾）。商場上有句名言提醒：「就算是最棒的產品也不是永遠都贏。」經濟學家將此歸因為「路徑依賴理論」（path dependence），這是說與客觀品質無關的特定歷史條件決定哪種產品的市場接受度最高。這是事實，但並不代表今日使用的作業系統和鍵盤設計僅僅是隨機勝出。最好把銷售想成產品設計不可或缺的部分。如果發明新東西卻沒找到有效的銷售方法，不管產品多棒，生意都不會好。

▌不同產品需要不同的銷售方法

　　就算產品沒有差異性，優秀的銷售也能創造獨占地位，反之則未必。不管產品多厲害，就算完全符合消費者既有的習慣，讓大家一試用就愛不釋手，仍然需要很

圖 11.1　不同銷售方法的客戶取得成本

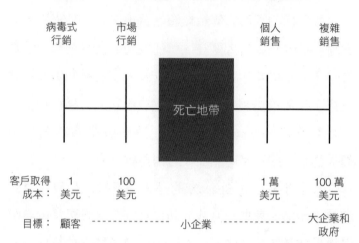

好的銷售計劃支援。

　　有效銷售的界限可以從兩個指標判定。因客戶關係平均賺到的淨利總和（客戶終身價值）必須超過贏取新客戶的平均成本（客戶取得成本）。一般而言，產品價格愈高，談成一筆交易要花的成本愈高，也就愈有理由把成本花下去。圖 11.1 顯示不同的銷售方法比較。

複雜銷售

如果你的平均銷售金額超過百萬美元，每筆交易的每個細節都需要有人關注。可能要花好幾月跟客戶培養交情，一到兩年才會做成一筆交易，安裝期間需要持續追蹤，交易後仍需要長期提供售後服務。這種銷售稱為「複雜銷售」（complex sales），雖然這樣的銷售很困難，卻是一些高價產品唯一的銷售方法。

太空運輸公司 SpaceX 的經營顯示複雜銷售可以做得到。伊隆・馬斯克在成立新創火箭公司幾年後就說服美國太空總署（NASA）簽下總價 10 億美元的合約，以 SpaceX 新設計的太空船取代退役太空梭。在大型的交易案中，政治實力和科技能力同樣重要，所以這不是件容易的事。SpaceX 旗下員工超過 3000 人，大部分在加州。傳統的美國太空產業有 50 萬從業人員，散布在 50 個州。國會議員自然不願意放棄投資在自家選區的聯邦資金，但因為複雜銷售每年只需要達成幾項交易，像伊隆・馬斯克這樣的銷售之神可以利用這段時間把重點放在幾個關鍵人物，甚至克服政治惰性。

完全沒有「推銷員」時，複雜銷售的效果最好。我和法學院同學艾力克斯·卡普（Alex Karp）共同創辦資料分析公司 Palantir，並沒有雇用專人銷售產品，艾力克斯·卡普每個月在外面 25 天，以 Palantir 執行長的名義親自拜訪客戶。我們的一個交易在 100 萬美元至 1 億美元之間。產品如果在這種價位，買主會想直接和執行長談，而不是跟掌管銷售的副總裁談。

如果未來 10 年每年維持 50％至 100％的成長，企業使用複雜銷售會成功，不過這看起來比創業家夢想中的病毒式銷售成長還慢。你可能期望只要顧客發現你的優秀產品，你的營收就可以增加 10 倍，但這種事幾乎沒有發生過。好的企業銷售策略一開始都很小，而且不得不如此。新客戶可能願意成為最大客戶，但是他們不放心簽下比你過去銷售金額還大很多的交易。一旦你有一群使用你的產品的參考客戶群，你就可以展開有條不紊的長期工作，追求更大規模的交易。

個人銷售

大部分的銷售並沒有特別複雜，平均交易規模可能在 1 萬至 10 萬美元之間，執行長通常不必親自出面。這裡的挑戰不是怎麼進行特定的交易，而是建立銷售流程，讓銷售團隊將產品推廣給更多人。

2008 年，美國雲端科技公司 Box 有個幫企業將資料存放雲端並快速存取的好方法。但那時大家並不覺得有需要，雲端運算還沒流行。那個夏天，布雷克‧馬斯特成為 Box 第三位業務員，幫忙改變現況。Box 的銷售代表從最在乎檔案分享問題的小團體開始，與每家公司客戶裡愈來愈多的使用者建立關係。2009 年，布雷克‧馬斯特把一個 Box 的小型帳號賣給史丹佛睡眠診所（Standford Sleep Clinic），因為研究人員需要簡便安全的方法儲存實驗日誌。直到今天，史丹佛大學提供每位學生和教職員以史丹佛為名的 Box 帳戶 Stanford-branded Box，史丹佛醫院（Stanford Hospital）的營運也仰賴 Box。如果 Box 當初直接向史丹佛大學校長推銷企業解決方案，一定什麼也賣不出去。複雜銷售模式會

讓 Box 成為被遺忘的失敗案例，但個人銷售讓 Box 成
為數十億美元的事業。

有時候，產品本身就是一種銷售。網路醫療服務公
司 ZocDoc 是創辦人基金投資的一家公司，專門協助民
眾在線上找醫生和約診。醫師每月支付數百美元加入這
個醫療網。由於平均交易規模只有數千美元，ZocDoc
需要很多業務員，多到內部設有專職的招募小組。但對
醫生進行個人銷售不只增加更多營收，隨著業務員讓更
多醫生加入，消費者覺得這個產品更有價值，而更多的
消費者用戶也吸引醫師。這個醫療網站每個月已經有超
過 500 萬人使用，如果能持續擴大規模，加入絕大多數
的執業醫師，將會成為美國健康照護的基礎事業。

銷售的死亡地帶

個人銷售（顯然需要銷售員）和傳統廣告（不需要
銷售員）之間有個死亡地帶。假設你提供一個幫助便利
商店老闆追蹤庫存和管理訂貨的軟體服務，可是這個定
價約 1000 美元的產品並沒有適合的銷售管道來接觸可

能購買的小企業。就算這個產品很明顯有價值，但要如何讓大家注意到？刊登廣告實在太散彈打鳥，因為沒有一個只有便利商店老闆在看的電視頻道；就算有《便利商店新聞報》（*Convenience Store News*）可以刊登廣告也太沒有效率，因為這根本無法說服這些老闆每年掏1000 美元出來。這種產品需要進行個人銷售，但從產品的定價來看，根本沒有資源可以派人拜訪潛在客戶。這是為什麼許多中小型企業不使用大公司視為理所當然的銷售工具，理由不是因為小企業主落伍或者沒有適合的工具，而是因為銷售有個隱藏的瓶頸。

市場行銷和廣告

市場行銷和廣告適合那些能獲大眾青睞、但欠缺病毒式銷售條件的低價產品。寶僑家品（Procter & Gamble）無力聘請業務員挨家挨戶推銷洗衣精（但寶僑家品確實雇人拜訪連鎖超市和大型量販店，因為他們可能一次進貨 10 萬瓶 1 加侖裝的洗衣精）。為了接觸使用者，消費性產品的公司必須製作電視廣告，在報紙上刊

登優惠券，精心設計產品外盒來吸引目光。

　　打廣告對新創事業也有用，但必須是客戶取得成本和客戶終身價值在其他銷售方式比較浪費的時候。以電子商務新創公司 Warby Parker 為例，這家公司設計並上網銷售有度數的時尚眼鏡，並沒有和眼鏡零售商簽約代銷產品。每付眼鏡的售價約 100 美元起跳，所以假設平均每位客戶一生只跟公司買一付眼鏡，客戶終身價值只有數百美元，少到不足以在每項交易投入人力。但另一方面，100 美元的實體產品又不盡然可以掀起風潮。因此 Warby Parker 後來靠刊登平面廣告和製作古怪有型的電視廣告，在數百萬戴眼鏡的顧客前展示更好、更便宜的選擇。公司官網上直言：「電視是超大麥克風。」當你為了取得一位新客戶只付得起數十美元，就要找最大的麥克風。

　　創辦人都非常希望留下膾炙人口的廣告，但新創事業應該要抗拒誘惑，不要為了在最好的時段刊登廣告，或是呈現最精心製作的公關噱頭跟大公司陷入無止盡的競爭，這是我的經驗教訓。PayPal 曾找在《星際爭霸戰》

主演總工程師史考提（Scotty）的詹姆斯·杜漢（James Doohan）擔任代言人。發表 PalmPilot 專用首款軟體時，還特別請記者來聽詹姆斯·杜漢講：「我整個演藝生涯都在傳送人，這是我第一次傳送錢！」這真是一大敗筆。真的出席採訪的少數記者都毫無反應。我們都是科技宅男，以為總工程師史考提會比劇中的寇克船長（Captain Kirk）更有權威。（寇克船長就跟推銷員一樣，老愛在一些奇怪地點現身炫耀，再靠工程師把他從自己的失誤裡救出來。）但我們錯了，旅遊網站 Priceline 找飾演寇克船長的威廉·沙特納（William Shatner）拍一系列的廣告，效果很好。不過 Priceline 那時已經是一家大公司。早期新創公司的廣告預算無法跟大公司相比，請不起寇克船長。

病毒式行銷

如果一項產品的核心功能可以鼓勵使用者邀請親朋好友也變成使用者，那這項產品就可以如病毒一樣散播，這是臉書和 PayPal 快速成長的原因。每次只要有

人和朋友分享或付款，他們很自然會邀請更多人加入。
這個銷售方法又快又便宜。如果每個新的使用者都帶來
更多使用者，就可以引發倍數成長的連鎖反應。理想的
病毒式行銷循環應該盡可能的快速順暢。好笑的
YouTube 影片或網路潮流很快就能擁有數百萬人次點
閱，因為傳閱的週期非常快：大家看到貓咪，內心覺得
很溫馨，就花幾秒鐘的時間分享出去。

　　PayPal 最初只有 24 個使用者，全都是 PayPal 的員
工。透過拉布條打廣告取得客戶的成本太高，但是藉著
直接付錢請使用者註冊，然後付更多錢請他們介紹朋
友，我們有了驚人的成長。這個策略讓我們只花 20 美
元取得一位客戶，但每天可以得到 7％的業務成長，這
意思是說，每 10 天就會增加 1 倍的使用者。經過 4 到 5
個月，我們就有數十萬個使用者，而且有機會靠著低廉
手續費的匯款服務建立一家好公司，讓收到的手續費最
後超過客戶取得成本。

　　誰先以病毒式爆發力雄踞市場中最重要的部分，就
是整個市場的最後行動者。PayPal 不想隨機拉進更多使

用者，而是想先爭取到最有價值的使用者。市場最重要的部分仍然是靠著西聯銀行（Western Union）電匯回家的數百萬移民。雖然我們的產品可以讓匯款變得輕鬆簡便，但這樣的交易並不頻繁。我們還需要搶進更多會頻繁匯款的小型利基市場，所以後來我們找到 eBay 的「超級賣家」，他們是透過 eBay 網拍市集銷售產品的專業賣家，總共有 2 萬人。大部分賣家每天有好幾筆網拍交易，而且買進的產品幾乎和賣出的產品一樣多，這代表有固定的支付流量。因為 eBay 處理支付問題的方法實在很糟，使得那些賣家成為 PayPal 的早期愛用者。一旦獨霸這個市場，並成為 eBay 的支付平台，PayPal 就能打遍天下無敵手。

銷售的冪次法則

任何事業都能從前面的討論中找到最有效的銷售方式，也就是產品銷售的冪次法則。這並不符合大部分創業家的直覺，他們會假設銷售策略應該愈多愈好。但雇用幾個推銷員、買一些雜誌廣告、稍後再為一些產品增

加病毒式銷售功能這樣一網打盡的銷售策略是行不通
的。大部分企業沒有可行的銷售管道，拙劣的銷售方法
比差勁的產品更常成為失敗的原因。如果有一個可行的
銷售管道，就會是一個很好的事業。如果你有多種銷售
管道卻沒有一個有效，那就等著結束營業。

銷售給客戶以外的人

你的公司不只要把產品銷售出去，還必須向員工和
投資人推銷你的公司。好產品不需要推銷這句謊話有個
「人資版」的說法：「我們公司好到大家一窩蜂的搶著進
來。」也有「募資版」的說法：「我們公司好到投資人爭
先恐後的上門來投資。」一窩蜂和爭先恐後的形容很生
動，但除非有精細的招募計劃與深入的推銷，不然這種
情況絕少發生。

向媒體推銷你的公司是銷售的必要環節。天生就不
信任媒體的科技宅男最常犯下的錯誤就是忽視媒體。你
不能期待在沒有銷售策略的情況下，大家會因為產品很
好就掏錢購買，同樣地，你也不該假設在沒有公關策略

的情況下，別人會欣賞你的公司。就算你有病毒式的銷
售策略，產品不需要爭取曝光，媒體還是可以幫忙吸引
到投資人和員工。每個值得聘用的員工都會先了解公
司，不管他在網路上有沒有找到公司的資料，都會是公
司成敗的重要關鍵。

▍每個人都該學銷售

　　科技宅男也許希望可以忽略銷售，把推銷員放逐到
另一個星球。我們都想相信自己才是做決定的人，推銷
對我們沒有用處，但這並非事實。每個人也都有產品要
銷售，不管是員工、創辦人或投資人，就算你的公司裡
只有你和一台電腦也是如此。環顧四周，如果看不到銷
售員，那你就是那個銷售員。

12

人類與電腦的新關係

隨著成熟產業進入停滯期，資訊科技因為進步飛快而成為「科技」的同義詞。今天有超過 15 億人利用行動裝置，立即搜尋世上所有的知識。智慧型手機的運算能力比當初引導太空人登陸月球的電腦強上數千倍。如果摩爾定律持續適用，明日的電腦會變得更強大。

電腦已有足夠的能力執行過去我們以為專屬於人類的活動。1997 年，IBM 超級電腦深藍（Deep Blue）擊敗世界西洋棋王蓋瑞・卡斯巴洛夫（Garry Kasparov）。2011 年，美國知名益智搶答節目《危險境地》（*Jeopardy!*）的史上最強參賽者肯・詹寧斯（Ken

Jennings）輸給 IBM 的華生電腦（Watson）。今天，
Google 的自動駕駛汽車已經在加州上路。雖然知名賽車
手戴爾‧恩哈德（Dale Earnhardt Jr.）不覺得備受威
脅，但英國《衛報》（*Guardian*）（為全球數百萬車主和
計程車司機）擔心，自動駕駛汽車「可能導致下一波失
業潮」。

　　大家都預期電腦未來能做更多的事，多到有些人懷
疑 30 年後還會有事留給人來做嗎？創辦網景網頁瀏覽
器（Netscape Navigator）的創投家馬克‧安德森以必然
會發生的語氣宣布：「軟體正在鯨吞蠶食這個世界。」
矽谷創投家安迪‧凱斯勒（Andy Kessler）在解釋提高
生產力最佳的方法就是「擺脫人類」的時候，語氣聽起
來雀躍不已；《富比士》（*Forbes*）也用焦慮的口氣詢問
讀者：**機器會取代你嗎？**

　　趨勢預言家希望這個答案是肯定的。對抗工業革命
的盧德運動者（Luddites）則深怕被機器取代，寧可完
全停止建立新科技的腳步。兩邊的人都沒有質疑電腦進
步必然會取代人工。不過，這個前提並不正確，其實電

腦應該和人類互補，並不會取代人類。未來數十年最有
價值的產業還是會由創業家建立，電腦發展的目標是增
強人類的能力，而不是淘汰人類。

▌全球化與科技的不同

　　15 年前，美國勞工擔心成本較低的墨西哥人來競
爭，這是有道理的，因為人工真的可以互相取代。今
天，人們又聽到美國企業家羅斯・裴洛大聲疾呼「工作
不保」，這次發生在德州的伺服器資料中心，而不在墨
西哥大城提華納（Tijuana）削價競爭的工廠。美國人擔
心科技近期發展，因為覺得科技重演不久前的全球化浪
潮，但其實情況大不相同，因為人類會競逐工作機會和
資源，電腦不會。

全球化意味取代

　　羅斯・裴洛在警告外國競爭者的時候，小布希和柯
林頓還在反覆灌輸自由貿易的教義。由於每個人都有做

得比其他人好的工作，所以理論上，只要大家專精在自己擅長的工作，然後將工作完成的商品和服務相互交易，這樣的經濟活動就會讓財富最大化。可是在實務上，至少對許多勞工來說，自由貿易的功效並不是那麼明顯。雖然在有極大相對優勢的時候，得到的貿易收益會最多，但是以極低薪資重覆做同一件事的全球勞動力供給卻源源不絕。

　　大家不僅在勞動力供給上競爭，也競逐相同的資源。美國消費者享受中國製的便宜玩具和紡織品，同時也必須支付更高價格買進數百萬中國車主都想要的汽油。不管是在上海吃魚翅，還是在聖地牙哥吃魚柳薄餅捲，大家都需要食物和遮風蔽雨的地方。而且求生存還不夠，隨著全球化持續進行，人類想要更多的東西。現在，數百萬的中國農民終於可以享有穩定的基本能量供給，而他們希望得到多一點豬肉，而不是只有穀類。上層社會的欲望則明顯很一致，從俄羅斯的聖彼德堡到北韓平壤的專制領袖都愛好頂級水晶香檳（Cristal）。

科技代表互補

現在考慮競爭來自電腦而非人類的可能性。從供給面來看，電腦和人類的不同與人與人之間的不同相比實在大很多，人類和電腦擅長的事截然不同。人類有意識，會在碰到複雜狀況時擬定計劃，做出決策，但人類不擅長整理大量的數據。電腦正好完全相反，它們比較擅長有效的資料處理，卻很難做出大家都覺得很容易的基本判斷。

想要了解差異到底多大，可以拿 Google 的「電腦取代人類專案」（computer-for-human substitution projects）為例。2012 年，Google 的超級電腦登上頭條新聞，因為在掃描 1000 萬張 YouTube 影片縮圖之後，它終於可以有 75% 的準確度辨認出貓。這好像很厲害，不過你可能會想到其實一般 4 歲小孩就能完全無誤的做到這件事。一部便宜的筆記型電腦在某些工作可以擊敗最聰明的數學家，但有些工作就算是給有 1 萬 6000 顆中央處理器（CPU）的超級電腦，也贏不了小孩。所以說，人類和電腦不該比較哪個會贏、哪個會輸，他們根本就不

一樣。

　　人類和機器完全不同，意味著和電腦合作得到的成果要比和其他人交易得到的成果還大得多。我們不和電腦「交易」，就像我們不會和牲畜或桌燈交易一樣，這就是重點：電腦是工具，不是競爭對手。

　　從需求面來看更是明顯。電腦不會像工業化國家的人渴求更多奢侈品，或是購買在法國度假聖地的海灘別墅，它需要的不過是一點電力，而且還沒聰明到要追求更多的電力。當我們設計新的電腦科技來協助解決問題的時候，我們得到跟這個高度專業夥伴交易的一切好處，卻不必和它爭搶資源。你應該要了解，科技是我們在全球化世界逃避競爭的方法。當電腦變得愈來愈強大，他們還是不會取代人類，他們可以彌補我們的不足。（見表 12.1）

▍利用電腦發展事業

　　電腦和人類互補不只是從社會整體的角度觀察出來

表 12.1 全球化與科技的不同

	（勞動力）供給	（資源）需求
全球化 （其他人）	替代性： 「地球是平的。」	消費者競逐 相同的資源
科技 （更強大的電腦）	大部分互補	機器沒有需求： 所有價值回歸人類

的事實，這個結論也是建立偉大事業的途徑。我透過 PayPal 的經驗了解到這一點。2000 年中，我們熬過網路泡沫並快速成長，但面臨到一個重大的問題：每個月都因為出現信用卡詐欺事件而損失超過 1000 萬美元。由於我們每分鐘得處理上千筆交易，不可能覆查每一筆的交易，因為沒有哪個品管團隊有這麼快的速度。

所以我們做了所有工程師團隊都會做的事，我們試

著將解決方案自動化。首先，技術長馬克斯‧雷夫金聚集一群數學專才，仔細研究轉帳詐欺的交易，然後將我們得出的結論寫成軟體，來自動辨識虛假的交易並立即取消。但我很快就發現光是這樣行不通。一、兩個小時之後，竊賊會反應過來並改變策略。和我們交手的是能快速適應變化的敵人，而我們的軟體卻無法跟著反應。

　　詐欺犯雖然能躲過自動偵測的演算法，但我們發現，要騙過人類分析師可沒那麼簡單。所以馬克斯‧雷夫金和他旗下的工程師重新改寫成可以綜合偵測的軟體程式，電腦可以在設計出色的使用者介面上先標示出可疑的交易，再交給專人做最後的判斷。有了這套綜合系統，我們在 2002 年第一季首度轉虧為盈，1 年前我們還淨虧 2930 萬美元。因為有個俄羅斯駭客誇口說我們絕對擋不住他，所以我們把這套系統取了個俄羅斯名字伊果（Igor）。聯邦調查局也來問我們是否願意出借伊果，協助偵測金融犯罪。這讓馬克斯‧雷夫金大言不慚的說，他是「地下網路的福爾摩斯」。

　　這種人類和機器的共生關係讓 PayPal 存活下來，數

十萬小商家才願意收受付款，壯大網路生意。即使大多
數人沒有看過或聽過，但如果沒有人類與機器合作的解
決方案，就不會有這些成果。

　　在 2002 年出售 PayPal 之後，我還不斷考慮，如果
人類和電腦合作可以獲得比單打獨鬥更優秀的成果，那
還可以依照這個核心原則創建出哪些事業？隔年，我向
史丹佛的老同學艾力克斯‧卡普，還有軟體工程師史蒂
芬‧寇恩（Stephen Cohen）提出一個新創事業的構想：
我們可以利用 PayPal 安全認證系統的人機複合模式來
辨識恐怖分子組織和金融詐欺。我們已經知道聯邦調查
局對這個系統很感興趣，所以在 2004 年創辦 Palantir，
協助人類從不同的訊息來源取得重要結論。這家公司在
2014 年可望順利達成 10 億美元的營收，《富比士》將
Palantir 的軟體稱為「殺手級應用程式」（killer app），
因為謠傳它在美國政府尋找賓拉登下落時也出了力。

　　我們無法分享那次行動的細節，但我們敢說，光靠
人類蒐集情報並不足以保護人民安全。美國兩大情報單
位採用的工作方法剛好完全相反，中央情報局（Central

Intelligence Agency）由強調人類優勢的間諜主導，國家安全局（National Security Agency）則由信奉電腦至上的將軍主導。中央情報局的分析探員必須過濾許多雜音，所以很難辨識出最嚴重的威脅。國家安全局的電腦可以處理大量資料，但光靠機器無法準確判定是否有人正在計劃進行恐怖攻擊行動。Palantir 的目標是超越對立偏見，由電腦軟體分析政府提供的資料，例如葉門激進分子的電話紀錄或和恐怖活動有關的銀行帳戶，藉此標示出可疑活動讓受過訓練的分析師檢查。

除了協尋恐怖分子，採用 Palantir 軟體的工程師已經能預測叛軍在阿富汗埋放土製炸彈的地點、起訴備受矚目的內線交易案、掃蕩全球最大的兒童色情犯罪集團、支援疾病控制和預防中心（Centers for Disease Control）抑制因飲食產生的疾病擴散，還有透過先進詐欺偵測系統，每年為商業銀行和政府節省數億美元。

先進的軟體讓上述的情況成為可能，但分析師、檢察官、科學家和金融專家更是重要，沒有他們積極參與，這些軟體一點用處也沒有。

　　想想看今天的專業人才都在做什麼？律師必須分別
對客戶、對方律師或法官，以不同的方法清楚說明棘手
問題的解決方案；醫師必須有能力和不是專家的病人溝
通診療結果；優秀的老師不只要對教授的科目有專業，
也必須了解如何配合學生的興趣和學習風格，量身訂作
教學方式。電腦也許能執行部分任務，但無法有效加以
整合。在法律、醫藥和教育界，就算有再好的科技也無
法取代專業人才，這些專業讓他們有更大的發揮空間。

　　這正是 LinkedIn 協助企業人資做的事。LinkedIn 在
2003 年創立時，沒有對企業人資進行調查，找出需要解
決的痛苦點，也沒打算寫一個可以直接取代人資的軟
體。招募工作有一部分是偵探工作，還有一部分是推銷
工作，人資必須詳細檢查應徵者的經歷，評估他們的動
機和合適程度，再說服最有前景的人加入公司。要以電
腦有效取代這所有的功能幾乎是不可能的事，因此
LinkedIn 從改變人資的工作習慣著手。今天有超過 97％
的人資使用 LinkedIn 與其強大的搜尋過濾功能，篩選出
缺職務的候選人，LinkedIn 也為數億個在網站上管理個

人品牌的用戶創造價值。如果 LinkedIn 當初單純只想用
科技取代人資，就不會有今天的事業。

拋開資訊科學的意識型態

　　為什麼有這麼多人沒有領會與電腦互補的力量？這
要從學校教育開始談起。軟體工程師習慣研究能取代人
類勞力的專案，因為他們受的訓練就是這樣。學術界透
過專精的研究建立名聲，他們把主要的目標放在發表論
文，而發表意味尊重特定學科的界限。對電腦科學家而
言，這意味讓人類的功能減少到只剩下特殊任務，然後
訓練電腦一一加以克服。

　　來看看今日電腦科學最流行的研究領域。「機器學
習」（machine learning）這個名詞引起機器要取代人工
的印象，而提倡者似乎相信，只要提供足夠的訓練資
料，就可以教會電腦執行所有任務。

　　每個美國線上串流影音網站 Netflix 或網路書店亞馬
遜的用戶已經第一手體驗到機器學習的成果，這兩家公
司都利用演算法，根據使用者的瀏覽和購買記錄推薦產

品。給電腦的資料愈多，推薦的內容就愈好。Google 翻譯器也用相同的道理運作，支援 80 種語言，提供雖然粗糙但勉強可用的翻譯，這不是因為軟體「理解」人類語言，而是透過統計分析，從大量文章擷取出語言模式。

「大數據」這個流行的詞語也象徵機器會取代人類的偏見。今天的企業有再多的資料也不滿足，誤以為有愈多的資料就可以創造更多的價值。但「大數據」通常都是沉默的資料。電腦可以找出人類沒有注意到的規律，但不知道怎麼比較不同資料來源整理出來的規律，或是用這些資料解釋複雜的人類行為。可以找出見解的只有真人分析師（或者那種只存在於科幻片的人工智慧）。

我們沉迷於大數據中，只因為覺得科技很神奇。我們讚嘆電腦能獨力完成的小事情，卻忽略人類與機器互相截長補短所能達成的大成就，因為人類的參與降低機器的神奇性。華生電腦、深藍電腦和愈來愈厲害的演算法是很酷，但是，如果企業問的是靠電腦可以解決什麼

問題，就不是最有價值的企業。未來最有價值的企業會問的是：**電腦如何協助人類解決困難的問題。**

▎電腦未來會取代人類嗎？

電腦運算的未來必然充滿未知，但面對像蘋果電腦語音助理 Siri 和 IBM 華生這樣愈來愈聰明的機器人智慧，一個傳統的問題就開始浮現；一旦電腦能回答我們所有的問題，也許他們會問，為什麼要臣服於人？

邏輯上，機器如果完全取代人類，最後就會出現所謂的「超強人工智慧」（strong AI），不管在哪個方面都表現得比人類好的電腦。當然，盧德派人士被這種可能性嚇壞了。即使是未來學家對這樣的思維也有些不自在，因為不知道超強人工智慧將拯救人性，還是毀滅人性。照理說科技應該可以強化人定勝天的力量，減少生活中意外事件的發生，但製造比人類更聰明的電腦反而會增加發生意外的機會。超強人工智慧很像外太空的樂透彩券，如果我們贏了，就會得到一個烏托邦的社會；

圖 12.1　超強人工智慧的未來發展

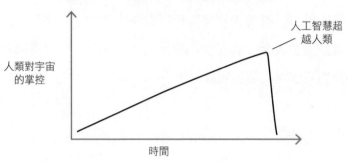

如果我們輸了，像電影《魔鬼終結者》（*The Terminator*）中虛擬的人工智慧天網（Skynet）就會取代並滅絕人類。

　　但就算超強人工智慧不是不可捉摸的神祕物體，真有可能創造出來，這種情況也不會很快發生。被電腦取代應該是 22 世紀的煩惱，對遙遠未來的不確切恐懼不應該阻止今日的我們擬定確切計劃。盧德派宣稱我們不該建造有朝一日會取代人類的電腦，狂熱的未來主義者則認為有必要。這兩種立場完全沒有交集，但是這兩者並不代表所有可能的選項。在這兩個選項中間還是有空

間，可以讓頭腦清醒的人在未來數十年建立一個更加美好的世界。隨著我們發現利用電腦的新方法，電腦不僅會把過去人類已經在做的事變得「更厲害」，也會協助我們完成過去無法想像的事。

13

潔淨科技與特斯拉

21 世紀一開始，每個人都認為下一波大趨勢就是
潔淨科技（clean technology）。這絕對沒錯，
看看北京的霾霧嚴重到人們無法清楚看見隔壁的房子，
就連呼吸都有健康風險；孟加拉的水井遭到化學物質砷
的汙染，《紐約時報》（*New York Times*）稱這是「有史
以來規模最大的中毒事件」；在美國，2011 年的艾琳颶
風（Hurrican Ivan）和 2005 年的卡崔娜颶風（Hurrican
Katrina）造成的損害被認為是全球暖化造成毀滅性後果
的前兆，美國前副總統高爾（Al Gore）懇求以「國家
在戰爭時才會調動起的決心和迫切感」來解決這些問
題。所以大家都忙碌起來，創業家創辦數千家潔淨科技

公司，投資人對這些公司投資超過 500 億美元，淨化世界的探索之旅就此展開。

但這些投資並沒有成功，我們沒有得到一個更健康的地球，反而創造出一個超大的潔淨科技泡沫。美國太陽能面板廠 Solyndra 倒閉成為最知名的綠色幽魂，大多數潔淨科技公司的下場也差不多，光是 2012 年就有超過 40 家太陽能製造商倒閉或聲請破產保護。替代能源產業的領先指標也顯示潔淨科技的泡沫正快速破滅。（見圖 13.1）

為什麼潔淨科技會失敗？保守派人士認為他們知道答案：一旦綠色能源成為政府優先發展的政策，整個產業一定會中箭毒發。但那時確實有（現在也還有）將能源列為優先政策的正當理由。潔淨科技失敗的真相比政府施政挫敗更加複雜和重要。多數潔淨科技業者因為忽視下面這七大問題才會失敗，這些公司都必須回答這些問題：

1. 工程問題：你創造的是一個突破的科技，還是一

圖 13.1　潔淨科技泡沫

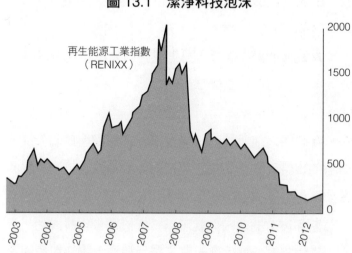

再生能源工業指數
（RENIXX）

種微幅改善的方法？

2. **時機問題**：現在是開始這個事業的正確時機嗎？

3. **獨占問題**：你一開始就先在小型市場搶得高市占
率嗎？

4. **人員問題**：你有合適的團隊嗎？

5. **銷售問題**：你除了有開發產品的能力，還有銷售
計劃嗎？

6. 持久問題：你的市場定位可以堅持 10 年、20 年
　　　　　　　嗎？

7. 祕密問題：你是否已經找到別人沒看見的獨特
　　　　　　　商機？

　　我們在之前討論過這些要素。不管投身哪個行業，優秀的事業計劃都必須研究這七個問題。如果沒有好的答案，你一定老是覺得「運氣不好」，事業失敗。如果這七點都沒有問題，你就可以掌握機運，獲得成功。只回答得出五到六個答案也許還行得通。但潔淨科技泡沫的問題在於，大家沒有好答案就開始創業，這要奇蹟出現才會成功。

　　很難知道為什麼某一家發展潔淨科技的公司會破產，不過幾乎所有業者都犯下好幾個嚴重的錯誤。其實只要有一個錯誤就足以毀掉你的公司，所以潔淨科技的失敗紀錄很值得細細檢視。

▍工程問題

優秀的科技公司應該要有比提供最接近替代品的對手好上 10 倍的專利技術。但潔淨科技業者連好上 2 倍的技術都不常見，更不用說 10 倍了，他們提供的產品有時甚至不如想取代的產品。美國太陽能面板廠 Solyndra 研發新型筒狀太陽能電池，不過因為無法吸收等量的直接日照，效能幾乎只有扁平狀電池的 $1/\pi$。公司嘗試利用鏡面將更多日照反射至太陽能面板底部來修正這個缺陷，不過一開始在起跑點就輸人的事實已經難以挽回。

業者必須力求東西好上 10 倍，因為產品微幅改善對用戶來說等於沒有改善。假設你開發一個新的風力發電機，在實驗室裡測試時，效能比現有的技術高出 20％。這聽起來很不錯，但實驗室數據還要扣除新產品在真實世界會面臨的花費和風險。而且就算你的系統對買家而言足足好上 20％，但因為大家都常碰到誇大不實的廣告，這會使你在銷售時遭遇許多質疑。唯有你的產

品比別人好上 10 倍，顧客才看得到你的好。

▌時機問題

　　潔淨科技的創業家很努力要說服自己時機來了。大陽能電池廠 SpectraWatt 執行長安德魯‧威爾森（Andrew Wilson）在 2008 年成立公司時表示：「太陽能產業就像 1970 年代晚期的微處理器產業，還有很多要解決和改善的地方。」後半段沒講錯，但要和微處理器類比可就差遠了。自從第一顆微處理器在 1970 年誕生以來，電腦運算的進展可說突飛猛進。表 13.1 是英特爾早期產品的開發史，就呈現出這樣的進展。

　　相反的，第一個矽晶太陽能電池是貝爾實驗室（Bell Labs）在 1954 年開發，比安德魯‧威爾森發布新聞稿的時間早了超過半個世紀。光電的轉換效能在這幾十年間雖然有些進展，但速度緩慢：貝爾的第一個太陽能電池的轉換效能只有 6%。今天不管是矽晶太陽能電池還是現代薄膜電池，轉換效能都無法超越 25%。2000

表 13.1　英特爾早期產品開發史

世代	微處理器型號	年份
4 位元	4004	1971
8 位元	8008	1972
16 位元	8086	1978
32 位元	iAPX 432	1981

年代中期，幾乎沒有什麼技術顯示出即將出現大躍進的
進展。踏進發展緩慢的市場也許是個好策略，但前提是
有確切可行的計劃搶奪市場。那些敗下陣來的潔淨科技
公司顯然毫無準備。

▍獨占問題

2006 年，億萬富豪的科技投資人約翰·杜爾（John Doerr）宣稱：「綠色（科技）是新的紅、白、藍（三色國旗）。」他這句話應該結束在代表流血犧牲的「紅色」。就像杜爾自己說過：「網路市場的規模數十億美元，能源市場的規模數兆美元以上。」但他沒說出來的是，數兆美元的市場意味競爭廝殺慘烈。但其他人不斷複述杜爾的話，像是 2000 年代，我聽過數十位潔淨科技創業家異常精美的 PowerPoint 簡報，都談到數兆美元市場的美好前景，好像這件事很好一樣。

投入潔淨科技的公司執行長們都強調能源市場的利潤大到可以容納所有業者，每個人都相信自己的公司有優勢。2006 年，太陽能電池製造商 MiaSolé 執行長戴夫·皮爾斯（Dave Pearce）在美國的國會專門小組前坦承，他的公司只是研發特殊薄膜太陽能電池的新創公司之一，但有「很好的機會」。幾分鐘後，戴夫·皮爾斯預測 MiaSolé 1 年內會成為「全球最大的薄膜太陽能電

池製造商」。這項預言沒有成真，不過就算實現恐怕也無濟於事。薄膜太陽能電池不過是十多種太陽能電池之中的其中一種。除非能用比較好的方式解決特定問題，否則顧客不會在意你有什麼特殊技術。如果無法獨占一種特殊解決方案，進而壟斷一個小市場，你就會陷入慘烈的競爭。這就是 MiaSolé 的遭遇，這家公司在 2013 年被併購，併購價格比投資人投入的金額少了數億美元。

欺騙自己獨一無二並不會解決壟斷問題。如果你經營一家太陽能公司，已經成功裝設數百個太陽能板機組，產能達 1 億瓦（100MW）。而美國太陽能產業的總產能是 9 億 5000 萬瓦（950MW），你的市占率達 10.53％。你告訴自己，恭喜，你是市場裡的玩家。（見圖 13.2）

但萬一美國太陽能市場不是真正的競爭市場（relevant market）呢？真正的競爭市場其實是全球的太陽能市場，總產能達 180 億瓦（18GW），結果你的 1 億瓦其實是市場裡一隻非常小的魚：突然發現你的市占

圖 13.2　美國太陽能市場的大鯨魚

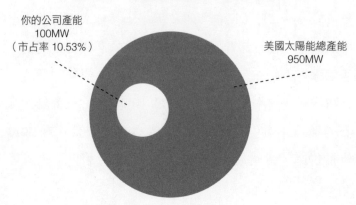

你的公司產能
100MW
（市占率 10.53%）

美國太陽能總產能
950MW

率還不到 1%。（見圖 13.3）

　　而且如果全球太陽能市場不是合適的比較標準，應該用整體的再生能源市場比較呢？再生能源的全球總產能是 4200 億瓦（420GW），你的市占因此縮水到 0.02%。如果跟全球發電產能 15 兆瓦（15000GW）相比，你的 1 億瓦只不過是滄海一粟。（見圖 13.4）

　　潔淨科技創業家對市場的看法實在是無可救藥的混

圖 13.3　全球太陽能市場的小鯨魚

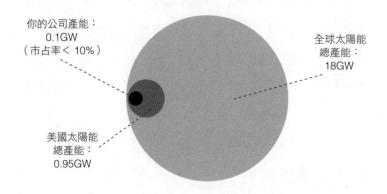

你的公司產能：
0.1GW
（市占率＜10%）

全球太陽能
總產能：
18GW

美國太陽能
總產能：
0.95GW

圖 13.4　全球能源市場的滄海一粟

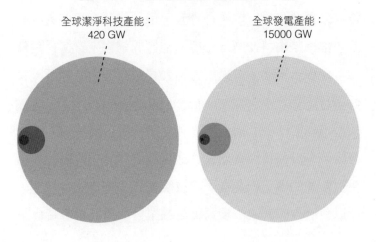

全球潔淨科技產能：
420 GW

全球發電產能：
15000 GW

亂。他們會刻意把市場形容得比較小，所以看起來像是
有所區隔，但又轉身要求依照獲利前景較好的廣大市場
來估算公司價值。但你無法壟斷用修辭虛構出來的小市
場，大市場又競爭太激烈，並不容易脫穎而出。大多數
潔淨科技的創業者不如到帕羅奧圖市中心開英國餐廳還
活得更好。

▊ 人員問題

能源問題其實是工程問題，所以你可能會以為潔淨
科技公司會是電腦宅男在經營。但你錯了，那些失敗的
公司都不是由科技團隊主導。他們的銷售主管擅長募資
和爭取政府補助，可是對打造顧客想買的產品卻不太在
行。

我們在創辦人基金觀察到這個問題。最明顯的線索
是服裝：潔淨科技業的主管穿著西裝和領帶到處跑，這
是很荒謬的事，因為真正的技術人員穿 T 恤、牛仔褲。
所以我們後來訂出一項通則，創業者如果為了募資會議

盛裝打扮，我們不會投資。當然如果我們花時間詳加評估每家公司的技術，也能避免錯誤投資。但我們團隊的心得是，「絕不投資在穿西裝的科技業執行長身上」，這可以更快達到這個目的。最棒的推銷員總是深藏不露，擅長推銷東西的執行長也沒有什麼不對，但如果看起來就像個推銷員，他很可能不會銷售產品，更不擅長技術問題。

▋ 銷售問題

　　潔淨科技業者全力搏取政府和投資人青睞，卻常常忘記顧客的存在。他們千辛萬苦才學到世界跟實驗室不一樣，銷售和物流的重要性與產品本身一樣重要。

　　問以色列電動車新創公司 Better Place 就知道，他們在 2007 年到 2012 年間募資超過 8 億美元打造電動汽車專用的抽取式電池模組和充電站，尋求「創造一個綠色的替代方案，減少我們對高汙染運輸科技的依賴」。而且這間公司也做到了，在聲請破產保護前至少售出

1000 輛車。這個成績難能可貴,因為要顧客出手買這些車真的很難。

首先,顧客不太清楚到底買的是什麼產品。Better Place 買入雷諾轎車(Renault),再換裝電池和電動馬達。所以,顧客買的究竟是雷諾電動車,還是 Better Place 電動車?不管哪一種,如果決定要買這台車,顧客還必須先通過一系列考驗。第一個是取得 Better Place 的核可。你必須證明住家離 Better Place 電池換裝站很近,並承諾開車會遵循可預測的路線。通過這一關後還要簽署充電用的燃料訂購合約。然後才能開始學習在路邊停車換電池的新行為模式。

Better Place 認為公司的這項技術很有噱頭,所以他們懶得對市場清楚解釋產品。一位沮喪顧客的提問可以反映公司的失敗原因,他問:「為什麼不在以色列的特拉維夫市(Tel Aviv)立個看板,在定價 16 萬謝克爾(shekel)的豐田 Prius 旁邊放上這輛車的照片,強調加上 4 年燃料只要花 16 萬謝克爾?」這位買主和大部分的人不同,他是「會盡一切努力持續駕駛」的愛好者,

但天不從人願：Better Place 董事會在 2013 年宣布 ，以區區 1200 萬美元出售公司資產，「技術問題可以克服，其他的障礙卻難以跨越。」

▌持久問題

每個創業家都該計劃在特定市場做後發者。一開始就要先問自己：10 年或 20 年後世界會變成什麼樣子，我的公司要如何適應？

潔淨科技業者很少有一個好答案。結果他們的下場都很像。美國太陽能電池製造商 Evergreen Solar 在 2011 年聲請破產保護的前幾個月，解釋關閉旗下一家美國廠的決定：

中國的太陽能製造商接受相當可觀的政府和財務支援……雖然（我們的）生產成本……目前已經低於原訂計劃水準，也低於大部分西方國家製造商，但仍比中國競爭對手的低成本高出很多。

　　但直到 2012 年，「怪罪中國」的聲浪才異口同聲地爆出來。美國能源局和美國太陽能面板製造商 Abound Solar 討論破產聲請時，責怪「中國太陽能板業者侵略性的定價行為」，使得「早期新創公司很難⋯⋯在目前市況下擴大規模」。太陽能板生產商 Energy Conversion Devices 在 2012 年 2 月倒閉時，不僅指責中國，還向三家中國太陽能廠商提告，求償 9.5 億美元。同樣破產的 Solyndra 也在同年由破產管理人對相同的三家公司提告，理由是這些公司嘗試獨占市場、勾結，以及採取掠奪性定價。但中國製造商的競爭真的不能預測嗎？潔淨科技創業家原本可以做得不錯，只是需要先弄清楚持久問題：有什麼事可以阻止中國消滅我的事業？如果找不到答案，這樣的下場並不意外。

　　除了沒預料到會有相同的綠能產品加入競爭之外，潔淨科技業者也對能源市場抱持完全錯誤的假設。這個產業建立在化石燃料已經日暮西山，而且新崛起的水力裂解開採技術（fracking）還不成熟。2000 年，美國僅有 1.7％的天然氣是由水力裂解技術開採的頁岩氣，5 年

之後，這個比例攀升至 4.1％。潔淨科技業卻沒有人慎重看待這件事，仍然以為再生能源是唯一可以走的路，化石燃料在未來不可能更便宜或變得更乾淨。但化石燃料辦到了。2013 年頁岩氣占美國天然氣產量達 34％，瓦斯價格自 2008 年下降超過 70％，摧毀大部分再生能源公司的商業模式。水力裂解技術也許不是持久的能源解決方案，但已經迫使沒看清方向的潔淨科技公司走上毀滅之路。

▌祕密問題

　　每家潔淨科技公司都用「需要更潔淨的地球」這樣的傳統真理來證明自己存在。他們欺騙自己，相信社會對替代能源的解決方案有強大需求，將為各式潔淨科技公司帶來龐大商機。想想 2006 年以前大家對太陽能的發展有多樂觀。那年，小布希總統宣示未來家家戶戶都會有「太陽能板屋頂，美國家庭都能自行發電」。專業投資客，也是潔淨科技業者比爾・葛洛斯（Bill Gross）

宣稱「太陽能潛力強大」，但太陽能生產商 Solaria 當時的執行長蘇衛・夏瑪（Suvi Sharma）卻承認，雖然投資太陽能產業「有淘金的感覺，這裡卻沒有真的黃金，用這個產業的話來說就是這裡沒有太陽」。許多衝在前面的太陽能公司，包括德國太陽能電池大廠 Q-Cells、Evergreen Solar、SpectraWatt，以及比爾・葛洛斯的 Energy Innovations，都很快地淪落進破產法庭。每家傷重退場的企業都曾根據眾所周知的共識描繪亮麗的未來。但是，偉大的企業是構築在祕密之上，因為有別人沒看見的特殊因素而成功。

▌社會企業的神話

潔淨科技創業家不只想追求大部分企業定義的「成功」。潔淨科技泡沫還是「社會企業」（social entrepreneurship）有史以來最大的風潮，也是最大的挫敗。這種企業也能行善的想法正好可以補足營利事業與非營利組織完全不同的想法。企業有很大的影響力，但

受到獲利動機的控制；非營利組織追求公眾利益，但他們在大型經濟裡沒什麼影響力。社會企業家想結合這兩個世界的優點，「藉由做好事來追求成功」，可是最後卻經常兩個優點都達不到。

　　將公益目標和金融目標之間模糊化並沒有什麼用處，但把「社會」這個詞模糊化卻會產生更大的問題：如果某件事是「社會公益」，究竟是對社會好，或社會認為這樣好？一個被認為夠「好」，可以得到大眾掌聲的事只能是很傳統的事，例如一般的綠能概念。

　　公司追求利潤與非營利事業重視公益雖然有些不同，但都沒有阻擋社會進步。真正阻擋進步的事是做一樣的事：企業試著互相複製經營模式，非營利事業推動類似的優先要務。潔淨科技凸顯這個結果，幾百個無差異化的產品全都為了同一個目標。

　　但做「不一樣」的事才真的對社會有益，這也是允許企業獨占一個新市場、賺取利潤的原因。有些好的方案可能被忽略，沒有被群眾大力鼓吹，而最適合投入努力的常常是沒人想解決的問題。

▌特斯拉如何脫穎而出？

特斯拉是少數幾家近 10 年創立到現在還能茁壯成長的潔淨科技公司，他們比別人更能掌握潔淨科技的潮流，並且妥善處理上述七大問題，他們的成功深具教育意義。

- **科技**。特斯拉的技術好到其他汽車公司都需要它：戴姆勒（Daimler）採用特斯拉電池組；賓士（Mercedes-Benz）用特斯拉動力傳動系統；豐田用特斯拉引擎。通用汽車甚至成立任務小組來探求特斯拉的未來動向。

    但特斯拉最大的技術成就不是單一的零件或元件，而是有能力將許多元件整合成一項出色的產品。從車頭到車尾設計都很優雅的特斯拉 Model S 轎車不只是把所有零件都組合起來而已，消費者報告（*Consumer Reports*）對這輛車的評價可是比其他車子都好，美國知名汽車雜誌《汽車

趨勢》（*Motor Trend*）和《車主雜誌》（*Automobile*）都把這輛車評選為 2013 年度風雲車。

- **時機**。在 2009 年的時候，很容易會認為政府會持續支持潔淨科技。「綠色工作」是政策優先項目，聯邦基金也指定要專案撥款，國會甚至要通過碳排放的總量管制與碳交易的立法。當其他人認為慷慨大方的補助將不斷流入時，特斯拉執行長伊隆·馬斯克正確判斷這是稍縱即逝的機會。2010 年 1 月，特斯拉自美國能源部取得 4 億 6500 萬美元的貸款，一年半後，Solyndra 在歐巴馬執政時期爆出問題，使補助款問題政治化。近 5 億美元的高額貸款在 2000 年中期是無法想像的事，今天也是，這種千載難逢的事，特斯拉掌握得剛剛好。

- **獨占**。特斯拉從有能力主宰高檔電動跑車市場這樣的超小型次級市場起步。特斯拉第一輛電動車 Roadster 在 2008 年出廠後，前後共賣出約 3000

圖 13.5　潔淨科技的輸家與贏家

Solyndra 執行長　　　　　　特斯拉汽車執行長
布萊恩・哈里森（Brian Harrison）　　伊隆・馬斯克

輛，可是每輛要價 10 萬 9000 美元，這可不是小
數目。小處著手讓特斯拉有能力承擔必要的研發
支出，打造比較便宜的 Model S 車款，現在也掌
控豪華電動轎車市場。特斯拉在 2013 年銷售超過
2 萬輛轎車，而且現在處於有利位置，可以繼續
擴大至更廣大的市場。

- **團隊**。特斯拉執行長是全能的工程師和推銷員，所以他不讓人意外地組成一支兩者都擅長的團隊。他這樣形容員工：「進入特斯拉，就等於選擇進入特種部隊。不是每個部隊都是特種部隊。進入特斯拉工作，你就是選擇更大的挑戰。」

- **銷售**。大部分的公司都低估銷售，但特斯拉嚴肅看待這件事，所以他們決定擁有自己的銷售管道。其他汽車公司都受制於獨立的汽車經銷商，就像福特和現代汽車雖然生產汽車，卻仰賴別人賣車。特斯拉則在自家門市銷售和維修自己的車。這個方法讓特斯拉的前期成本遠高於其他傳統的銷售模式，但卻可以掌握顧客的體驗，強化品牌形象，長期幫公司省下很多錢。

- **持久**。特斯拉一開始就領先其他人，而且動作比別人都快，領先幅度也可望在未來幾年逐漸拉大。特斯拉大幅超越同業最明顯的指標，就是已

經成為被渴望的品牌。購車是人生重大選擇之一，要贏得消費者信任並不容易。而且，和其他汽車公司不同的是，特斯拉仍由創辦人經營，短期內不會鬆懈。

- **祕密**。特斯拉知道，大家是因為趕流行而關注潔淨能源，有錢人尤其希望顯示出夠「綠」的樣子，儘管必須開輛盒子外型的豐田 Prius 或超笨重的本田 Insight，卻可以讓車主覺得自己像重視環保的知名影星一樣，因為擁有這幾款車變得很酷。所以特斯拉決定生產一款車主真的會覺得很酷的車。知名影星李奧納多・狄卡皮歐（Leonardo DiCaprio）甚至決定賣出他的 Prius，換一輛超貴（看起來也很貴的）特斯拉 Roadster。在一般潔淨科技業者努力追求產品差異化之際，特斯拉深深了解潔淨科技是社會流行而非環保規範的祕密，打造出獨特品牌。

▌新世代能源產業

特斯拉的成功，證明潔淨科技的發展並沒有問題，背後的大概念也沒錯：世界的確需要新的能源。能源是重要的資源，是餵飽自己、建造蔽護所、製造出所有能讓我們生活舒適所需要的事物的方法。世界上大多數的地區都夢想能有和今日美國人一樣舒適的生活，除非我們有新科技，否則全球化將導致愈來愈嚴重的能源挑戰。世界根本沒有足夠資源可以複製舊的方法，或是藉由重分配來追求繁榮。

潔淨科技讓大家得以樂觀看待能源的未來，但當不確定的樂觀投資人押注在由綠能基金資助、欠缺詳細商業計劃的潔淨科技公司，結果就是出現泡沫。將再生能源公司 2000 年代的市值標示出來，再對照網路泡沫期間那斯達克指數（NASDAQ）的漲跌，你就會看到兩者有相同的走勢。（見圖 13.6）

1990 年代的大概念是，網路將帶來很大的改變。但太多網路公司有相同看法，而且除此之外沒有其他創

圖 13.6 潔淨科技泡沫與網路泡沫相似

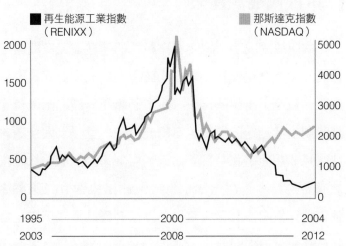

■ 再生能源工業指數　　　　　■ 那斯達克指數
　（RENIXX）　　　　　　　　（NASDAQ）

見。創業家無法因為總體的洞見而受惠，除非可以提出個別的計劃。潔淨科技公司也面臨同樣的問題，不管這個世界多需要能源，只有針對特定能源問題提供優秀的解決方案才能獲利。沒有哪個產業重要到參與其中就可以創出偉大的公司。

科技泡沫遠遠比潔淨科技的泡沫還大，泡沫破滅後造成的痛苦也更大。但 1990 年代的夢想並沒錯，質疑

網路會完全改變出版業、零售業和日常社會生活的人，在 2001 年看來或許頗有先見之明，但今日再來看卻愚蠢可笑。網路新世代（Web 2.0）的新創公司在網路泡沫的瓦礫中崛起，能源新創公司也可以在潔淨科技泡沫破滅後站起來嗎？能源解決方案的總體需求仍然存在，但要成為有價值的企業，必須先找出利基點，而且在小型市場獨占。臉書剛開始只服務一所大學的校園，後來才擴展到其他學校和全球各地。找出能源解決方案的小型市場可能有點難度，也許你可以想辦法取代柴油，那是偏遠島嶼的主要動力來源，或者在敵軍的領土上建造模組反應爐，快速部署軍事設施。那些創造能源新世代（Energy 2.0）的創業家，一開始的挑戰就是要先找到小型市場。

14

創業家無可取代的特質

成立 PayPal 的 6 個人當中有 4 個人曾經在高中時製作過炸彈，5 個人沒超過 23 歲，4 個人不在美國出生，3 個人從共產黨國家逃過來，像是潘宇來自中國，路克・諾賽克來自波蘭，馬克斯・雷夫金來自蘇聯的烏克蘭。製作炸彈可不是那些國家的青少年會做的事。

其他人可能覺得我們六個很怪。第一次和路克・諾賽克聊天的時候，我們談的是他剛簽署參加死後冷凍保存的實驗，希望未來醫學進步之後可以起死回生；馬克斯・雷夫金則很驕傲的說他沒有國籍，他們全家在蘇聯解體時逃到美國，全都有國籍問題；羅素・席蒙斯原以

圖 14.1　1999 年的 PayPal 團隊

由左至右分別為肯‧霍威利、馬克斯‧雷夫金、潘宇、羅素‧席蒙斯、彼得‧提爾、路克‧諾賽克

停放在公園裡的拖車為家，後來擠入伊利諾州最優秀的理工學校。只有肯‧霍威利（Ken Howery）符合有著優渥美國童年的刻版印象，他是 PayPal 裡唯一的老鷹級童子軍（Eagle Scout），但是他的朋友都覺得他會加入我們是因為他瘋了，因為他在這裡拿到的薪水跟另一家大銀行給他的工作薪水相比，只有三分之一，所以連他都不完全正常。

　　這些創業者都很奇怪嗎？或是說我們只是比較容易記得與誇大他們最不尋常的地方？更重要的是，對創業者來說，哪些個人特質至關重要？這章就要來討論，相較於隨時可以替換的經理人，由獨特出色的人來領導可以讓公司變得更好，不過也讓公司承受更大的風險。

▍特異個性是驅動公司進步的引擎

　　有些人身強體壯，有些人弱不禁風，有些是天才，有些是蠢材，但大部分的人處於這兩個極端的中間。把每個人的個人特質表示出來，可以看到如圖 14.2 的鐘型分布曲線。

　　由於這麼多創業者似乎都有極端特質，你可能會猜，如果只畫出創業者個人特質的分布圖，會出現兩端人比較多的肥尾現象，如圖 14.3。

　　但這並沒有掌握住創業者最奇特的地方。通常，我們期待相反的特質不會同時發生，例如正常人不會同時又有錢又很窮。但創業者卻時常帶有相反的特質，新創

圖 14.2　個人特質常態分布

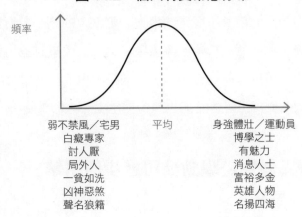

頻率

弱不禁風／宅男　　　　平均　　　　身強體壯／運動員
　白癡專家　　　　　　　　　　　　　博學之士
　討人厭　　　　　　　　　　　　　　有魅力
　局外人　　　　　　　　　　　　　　消息人士
　一貧如洗　　　　　　　　　　　　　富裕多金
　凶神惡煞　　　　　　　　　　　　　英雄人物
　聲名狼籍　　　　　　　　　　　　　名揚四海

圖 14.3　大家以為創業者的特質分布

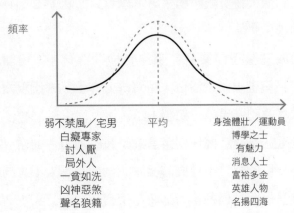

頻率

弱不禁風／宅男　　　　平均　　　　身強體壯／運動員
　白癡專家　　　　　　　　　　　　　博學之士
　討人厭　　　　　　　　　　　　　　有魅力
　局外人　　　　　　　　　　　　　　消息人士
　一貧如洗　　　　　　　　　　　　　富裕多金
　凶神惡煞　　　　　　　　　　　　　英雄人物
　聲名狼籍　　　　　　　　　　　　　名揚四海

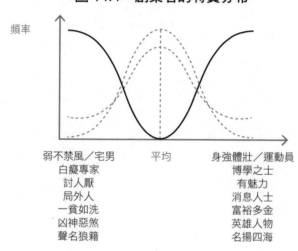

圖 14.4　創業者的特質分布

頻率

弱不禁風／宅男	平均	身強體壯／運動員
白癡專家		博學之士
討人厭		有魅力
局外人		消息人士
一貧如洗		富裕多金
凶神惡煞		英雄人物
聲名狼籍		名揚四海

公司執行長可能是紙上富豪，但缺少現金，他們可能一會兒陰沉不耐煩，一會兒又充滿魅力。幾乎所有成功的創業者都同時是局內人也是局外人。而且當他們成功了，他們在享受名揚四海之際也臭名遠播。如果把創業者的特質畫出來，顯然與常態分布完全相反，如圖14.4。

　　這麼奇怪又極端的組合從何而來？可能與生俱來

圖 14.5　創業者極端特質的來源

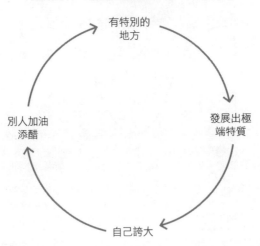

（天性），也可能是後天環境影響（培育）。但也許創業者沒有外表看來那麼極端，他們可能只是故意誇大部分的特質嗎？還是都是別人誇大他們的特質？其實這些現象可能同時發生，而且相輔相成。這個循環通常由不尋常的人開始，到後來他們的行為變得愈來愈奇特。（見圖 14.5）

　　舉例而言，創辦維京集團（Virgin Group）的億萬

富翁創辦人理查‧布蘭森（Richard Branson）爵士可能被人認為是天生的創業好手，他 16 歲第一次創業，22 歲就創辦維京唱片（Virgin Records）。但他有些特色就沒那麼天生自然，例如他那個招牌鬃獅頭，我覺得他出生的時候可不是現在這個模樣。因為理查‧布蘭森已經培養出其他的極端特質，（和全裸超模一起玩風箏衝浪算是公關演出還是單純找樂子？還是兩者皆是？）因此媒體熱切地推崇他為「維京之王」、「無庸置疑的公關大王」、「品牌管理大王」，以及「沙漠和太空之王」。當維珍航空（Virgin Atlantic Airways）在乘客的飲料當中加入像理查‧布蘭森頭像的冰塊時，他又變成「冰塊王」。

　　理查‧布蘭森只是因為有優秀的公關團隊，幸運獲得媒體追捧的一般生意人嗎？或者他天生就是品牌管理高手，擅長公關操作，吸引記者的目光？這很難判斷，但也許這兩個情況都有。

　　西恩‧帕克（Sean Parker）是另一個例子，他一開始完全是局外人，他是個罪犯。西恩‧帕克在高中是行

圖 14.6　公關高手理查‧布蘭森

事謹慎的駭客，但他的父親認為，16 歲的西恩‧帕克花
太多時間在電腦上。有一天，西恩‧帕克進行駭客攻擊
到一半，鍵盤被父親拿走無法登出，引起聯邦調查局注
意，很快就被聯邦幹員逮捕。

　　因為西恩‧帕克還沒成年，沒有被判重判，這讓他
變得更加大膽。3 年後，他成為 Napster 共同創辦人，
提供點對點的檔案傳輸服務（peer-to-peer file sharing

service），第一年就吸引 1000 萬個使用者，是有史以來成長最快的企業之一。但因為唱片業者提告，他們開業 20 個月後就遭到聯邦法官下令停業。經歷短暫的主角生涯後，帕克重回局外人身份。

然後臉書問世。西恩・帕克在 2004 年遇見馬克・祖克伯格，幫助臉書找到第一筆資金，並成為公司董事長，可是因為吸毒指控而被迫在 2005 年下台，這讓他變得更聲名狼籍。賈斯汀・提姆布萊克（Justin Timberlake）在電影《社群網戰》（*The Social Network*）中詮釋西恩・帕克之後，又讓他成為美國最酷的人之一。雖然賈斯汀・提姆布萊克還是比較有名，但當他造訪矽谷時，人們會問他是不是西恩・帕克。

全球的知名人士許多也都是創業者，他們不見得創立企業，但是每個名人都在建立與培養自己的個人品牌。像是卡卡女神（Lady Gaga）已經變成全球最有影響力的人，但這真的是她嗎？她真正的名字不是祕密，但幾乎沒有人知道。她的穿著打扮怪異到如果是其他人這麼穿，可能會被送進精神病院。可是卡卡女神讓你覺

圖 14.7　特立獨行的個人品牌

西恩·帕克　　　　　　　　卡卡女神

得她「天生完美」（born this way），「天生完美」還是
她的第二張專輯和主打歌的名字。但沒有人天生長得像
頭上有角的殭屍，因此卡卡鐵定是自我塑造出來的神
話。但話說回來，誰會這樣對待自己？正常人當然不
會，所以卡卡也許真的天生如此。

▌創業家的矛盾個性

　　極端的創業者形象在人類世界裡並非新鮮事，古典神話裡就有很多。伊底帕斯（Oedipus）就是典型的既是局內人又是局外人，他還是嬰兒時遭到遺棄，在異國成長，但卻成為英明的國王，可以解開人面獅身獸的謎題。

　　羅慕路斯（Romulus）和雷慕斯（Remus）有王室血統，因為被遺棄而成為孤兒。他們曉得自己身世後，決定建立一座城市，但對建城地點的看法不同。當雷慕斯跨越羅慕路斯認定的羅馬邊界時，羅慕路斯殺了他，並宣布：「越界的每個人都將自取滅亡。」羅慕路斯是立法者，又是犯法者，他是亡命之徒，也是建立羅馬的國王，他是自我矛盾的局內人與局外人。

　　正常人不像伊底帕斯或羅慕路斯。不管他們兩個人的真實面貌是什麼，神話只記載他們的極端特質。但古代文化為什麼覺得記住這些非比尋常的人很重要呢？

　　大眾一直將情緒寄託在出名的人身上，他們在繁榮

時期受到讚揚，在發生天災人禍時受到責難。原始社會面對一個基本問題：如果發生衝突卻無計可施，社會將被撕扯得四分五裂。所以只要有瘟疫、災難，或殘暴的敵人威脅和平，對社會有益的作法是將責任全推給一個人，這個人是大家都同意要怪罪的代罪羔羊。

誰最適合做代罪羔羊？跟創業者一樣，代罪羔羊有著極端又矛盾的個人特質。一方面，代罪羔羊必然軟弱，沒有能力阻止自己受害；另一方面，只要他承受責難就能夠化解衝突，是社區最強而有力的成員。

在行刑之前，代罪羔羊常被視為神一樣被膜拜。阿茲特克人認為受害者是被獻祭的天神下凡，可以享受華服美宴直至心臟被挖出來為止。這是君主制度的根源，每個國王都是活著的神，每個神也都是被謀殺的國王。也許現代君王都是成功把自己慢慢推向死刑的代罪羔羊。

圖 14.8　美國皇室

搖滾樂之王　　　　流行樂之王　　　　流行樂公主
艾維斯·普里斯萊　　麥可傑克森　　　　小甜甜布蘭妮

▌美國的皇室名人

　　說到「美國皇室」，應該就是名人了吧。我們會為最喜歡的藝人給予皇室的封號，像是貓王艾維斯·普里斯萊（Elvis Presley）是搖滾樂之王，麥可傑克森（Michael Jackson）是流行樂之王，小甜甜布蘭妮（Britney Spears）是流行樂公主。

圖 14.9 變調的美國皇室

前搖滾樂之王　　前流行樂之王　　前流行樂公主
艾維斯‧普里斯萊　麥可傑克森　　小甜甜布蘭妮

　　直到他們不再符合這些稱號。貓王艾維斯‧普里斯
萊在 1970 年代變得超重，坐在馬桶上一個人死去。今
天，模仿貓王的人都是不修邊幅的胖子，而不是體型瘦
長的帥哥；麥可傑克森原來是人見人愛的童星，長大後
變得個性古怪、面目可憎，藥物成癮到看不出原來的樣
子，他挨告受審的細節更成為茶餘飯後八卦；小甜甜布
蘭妮的故事最戲劇化。我們把一個人從默默無名捧紅成

圖 14.10　英年早逝反而重新崛起的名人

珍妮絲・賈普琳　吉姆・莫瑞森　　柯特・柯本　　艾美・懷斯

青少年天后，但後來一切都脫了軌，看到她剃個大光頭，暴飲暴食，然後又拚命節食，再加上曝光率超高的小孩監護權官司。她總是這樣瘋瘋顛顛嗎？是名氣害她變成這樣嗎？還是她做這些事情都是想要更出名？

　　對一些殞落之星來說，死亡帶來重新崛起的機會。太多人氣音樂家在 27 歲過世，例如迷幻搖滾女星珍妮絲・賈普琳（Janis Joplin）、吉他聖手吉米・韓崔克斯

（Jimi Hendrix）、門戶樂團（The doors）主唱吉姆・莫瑞森（Jim Morrison）和超脫樂團（Nirvana）主唱柯特・柯本（Kurt Cobain），這些「27俱樂部」（27 club）的成員因為死亡而永垂不朽。英國著名 R&B 歌手艾美・懷斯（Amy Winehouse）2011 年加入這個俱樂部前唱著：「他們硬要我戒了它，但我說：『不，不，不。』」勒戒中心對她沒有吸引力，也許是因為這擋住通向永垂不朽的路。要當永遠的搖滾之神，英年早逝可能是不二法門。

我們對科技業的創業者又愛又恨，就像對名人一樣。霍華德・休斯（Howard Hughes）從出名到被同情，可以說是 20 世紀科技創業者最戲劇化的故事。他家境富裕，對工程機械的興趣一直比精品還高。他在 11 歲就製作休士頓第一個無線電發射器，隔年拼裝出休士頓第一台摩托車。他搭上好萊塢走在科技尖端的風潮，不到 30 歲就拍攝 9 部賣座電影。但是，霍華德・休斯更出名的還是他的航空成就。他設計飛機、生產飛機，而且自己試飛，連番打破最快飛行速度、最快橫貫美洲

圖 14.11　創業家變瘋子

創業家霍華德‧休斯　　　　　瘋子霍華德‧休斯

大陸與最快環繞地球的飛行紀錄。

　　霍華德‧休斯非常著迷在要比別人飛得更高。他喜歡提醒大家，他是人而不是希臘諸神，這可是一般人想被拿來和神比較時才會說的話。他的律師有次在聯邦法庭上強調：「不能把適用於你我的標準放在休斯身上。」他的律師當然是領了錢才說這種話，但根據《紐約時報》的報導：「法官和陪審團都沒有駁斥這一點。」霍華

圖 14.12　科技人變成慈善家

科技人比爾蓋茲　　　　　　慈善家比爾蓋茲

德‧休斯在 1939 年因為他的飛行成就獲頒國會金質獎章時，他並沒有出席領獎，直到多年後，美國總統杜魯門（Truman）在白宮找到獎章，才把獎章寄給他。

　　霍華德‧休斯在 1946 年發生第三次、也是最嚴重的一次墜機，從此開始走下坡。如果當時他身亡過世，外界可能會記得他是最成功瀟灑的美國人。不過他活了下來，非常勉強地活了下來。他罹患強迫症，對止痛藥

上癮，最後 30 年離群索居。休斯以前裝瘋賣傻的時候，很少人會覺得想要打擾瘋子。但當裝瘋賣傻弄假成真之後，他就淪為大家憐憫的對象，而且對他有些畏懼。

比爾蓋茲（Biil Gates）則是樹大招風的例子，極大的成功引來火力集中的攻擊。比爾蓋茲是創業者的代表，既是笨拙內向、大學就輟學的局外人，同時也是全球最富有的成功局內人。他特意選擇那副書呆子眼鏡來彰顯獨特的個性嗎？或是因為他無可救藥的宅男性格，讓那副眼鏡選擇了他？這無從得知。但不可否認他成功獨霸市場：2000 年，微軟視窗作業系統的市占率達90％。美國重量級主播彼德・詹寧斯（Peter Jennings）在 2000 年可能會問：「今天，誰在世界上最重要：柯林頓總統還是比爾蓋茲？我不知道，但這問題問得很好。」

司法部不只問這個問題，還展開調查並控告微軟的「反競爭行為」。2000 年 6 月，法院下令微軟分拆。比爾蓋茲 6 個月前已經辭去執行長一職，大部分時間被迫花在應付法律威脅，而不是開發新科技。上訴法庭後來

撤回分拆令，微軟在 2001 年也和政府達成和解。但比爾蓋茲的敵人已經成功阻止微軟的創業者將全副心力投注在公司上，微軟進入停滯期。比爾蓋茲今天更為人所知的身分是慈善家，而不是科技人。

▎創業者無可取代

正如對微軟的法律訴訟終結比爾蓋茲的獨霸地位一樣，賈伯斯重回蘋果也凸顯公司創業者無可取代的價值。在某些方面，賈伯斯和比爾蓋茲完全相反。賈伯斯是藝術家，偏好封閉系統，把時間花在構思超越別人的優秀產品；蓋茲則是生意人，保持產品的開放性，想主導世界。但兩人同時都是局內人與局外人，推動旗下公司達成其他人無法匹敵的成就。

從大學輟學的賈伯斯，喜歡光腳行走並拒絕洗澡，他對自己的個性非常了解。他可以很有魅力，也可以很瘋狂，也許這是根據他的心情變化，也或許是他真的會細心算計。很難相信他餐餐只吃蘋果的古怪作為不是重

圖 14.13　無可取代的創業家

年輕的賈伯斯　　　　　　　　　年老的賈伯斯

要策略的一部份。但他的行事乖張在 1985 年出現反效果，賈伯斯和請來督導公司的專業執行長起衝突時，蘋果董事會一腳把賈伯斯踢出自己創立的公司。

　　12 年後，賈伯斯重返蘋果，這顯示出「創造新價值」是企業最重要的工作，而這最重要的工作無法簡化濃縮成一個公式、交由專業經理人照章執行就好。賈伯斯在 1997 年擔任臨時執行長時，前面那些資歷無可挑

剔的執行長已經把公司搞到幾乎破產。那年戴爾電腦的
創辦人麥可‧戴爾（Michael Dell）談到蘋果時說：「換
成我會怎麼做？我會關掉公司，把錢還給股東。」但賈
伯斯沒有，反而接連推出 iPod（2001 年）、iPhone（2007
年）和 iPad（2010 年），直到健康出問題，必須在 2011
年辭職。隔年，蘋果成為全球最有價值的公司。

　　蘋果的價值取決於特定一個人的真知灼見，暗示創
造新科技的公司常常是封建君主制，而不是更為「現
代」的組織。特立獨行的創業者可以有權威的決策，激
發員工忠誠度，並為未來數十年預做規劃。相對的，沒
有個人風格的官僚體系如果雇請訓練精良的專業經理
人，雖然可以讓公司經營很久，但他們的決定通常著眼
於短期。

　　這例子告訴我們，企業需要創業者。我們應該更容
忍那些看來奇怪或極端的創業者；我們需要非比尋常的
人來領導公司，以免落入只追求緩慢進步的漸進主義。

　　創業者必須了解，個人名氣和旁人的讚美隨時都可
能會變成惡名、被妖魔化，所以你必須非常小心。

最重要的是，不要高估自己的力量。創業者之所以重要，並非因為只有他們的工作才有價值，而是因為優秀創業者可以激發旗下員工繳出最佳表現。我們之所以接受個別創業者的古怪特質，是因為需要這些創業者，而不是因為崇拜俄裔美國小說家愛因·蘭德（Ayn Randian）筆下那些不須仰賴旁人的「行動領導者」（prime movers）。在這方面，愛因·蘭德是半偉大的小說家，她的壞人是真的，但英雄是假的。現實生活中沒有代表自由主義社區的高爾特峽谷（Galt's Gulch），也沒有脫離社會的事。相信自己天生就能自給自足，並不表示你強大無敵，反而表示你把群眾崇拜或嘲弄錯認為事實。創業者最大的危機是堅信自己的傳奇而變成失心瘋。但企業如果沒有任何傳奇，認為沒有偶像崇拜就是智慧的象徵，也同樣有危險。

結語

打造更美好的未來

如果連最有遠見的企業創業者都無法計劃 20 到 30 年後的事,對遙遠的未來還有什麼可談的呢?雖然不清楚具體細節,但我們可以想像概略輪廓。英國哲學家尼克・伯斯特頓(Nick Bostrom)形容人類未來發展可能有四種模式。

模式 1:古人認為歷史會在繁榮與衰敗之間無盡輪替,人類直至最近才敢奢望永久逃離厄運,但還是會好奇,我們視為理所當然的穩定能否持續不墜。

模式 2:不過,通常我們會壓抑疑慮。傳統智慧似

模式 1：未來將興衰交替

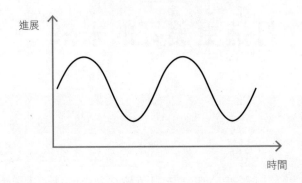

模式 2：未來進入高原期

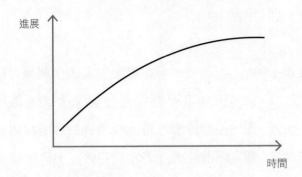

乎改變成假定整個世界的發展會聚合進入
高原期，類似今日最富裕國家的生活。這
樣的話，未來與現在看來並無太大差別。

模式 3：由於現代世界的地理環境緊密相連，現代
武器的破壞力又前所未見，很難不懷疑如
果發生大規模社會動盪是否能控制得住。
這點燃我們對可能出現第三種發展的恐
懼，天崩地裂到人類無法存活。

模式 4：最後一種可能性最難想像，就是加速起飛
至更美好的未來。這種突破可能有好幾種
形式，但每一種都會和現在截然不同，完
全無法言喻。

結果會是哪一個呢？

一再發生衰敗的機會似乎不大，構成文明的知識已
經廣泛散布，完全滅亡的機會大於漫長黑暗期和跟隨其
後的復興。但萬一人類滅絕，就沒有任何未來可言。

如果將未來定義為看來與現在不同的時代，那麼大

模式 3：未來人類會滅絕

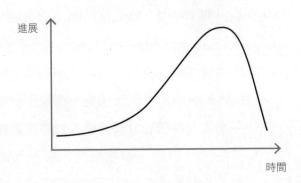

模式 4：起飛至更美好的未來

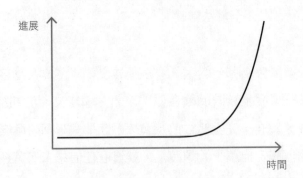

部分人一點兒也不會期待未來。他們反而期待全球化
（globalization）、集中化（convergence）和同質化
（sameness）在未來幾十年持續加深。這樣的話，貧困
國家會追上富裕國家，整個世界進入經濟高原期。但即
使全球經濟出現高原期，能持續下去嗎？就算是最好的
狀況，經濟競爭對每一個人和公司來說都較以往更為劇
烈。

　　然而，當稀有資源的消費也必須競爭的時候，很難
認為全球經濟高原期會無限期的持續。沒有新科技緩解
競爭壓力時，科技的停滯可能演變成衝突。如果衝突的
規模擴及全球，停滯將被崩壞，進而人類被滅絕。

　　來看最後一種發展版本，創造新科技來打造更美好
的未來。這個版本最好的結果就是所謂的技術奇異點
（Singularity），技術奇異點是嘗試設想有個強大程度超
乎理解的新科技。最知名的未來學家瑞‧克茲維爾
（Ray Kurzweil）從摩爾定律著手，追蹤數十個倍數成長
領域的趨勢，信心滿滿的預測未來會有超強人工智慧。
根據瑞‧克茲維爾推測，「技術奇異點已近」，勢無可

擋，我們只需要做好接受的準備。

　　但不管追蹤多少趨勢，未來都不會自行發生。關心技術奇異點會長得什麼模樣，還不如關心我們今日面臨的嚴竣選擇，我們是要全無作為，還是要盡力而為？這取決在我們手中。我們不能理所當然地覺得未來會更好，所以從今天開始，我們就必須努力創造未來。

　　我們是否可以達到技術奇異點，可能不如我們是否能把握現有的獨特機會、在職場生活追求新事物來得重要。對我們來說，每一件重要的事，像是宇宙、地球、國家、公司、人生，和當下這一刻，全都獨一無二。

　　今天的任務是找到獨一無二的方法創造新事物，不只讓未來變得不一樣，而且要更好，所以我們要從 0 到 1。最重要的第一步是自己獨立思考。唯有重新看待世界，像古人首次見到它那樣覺得新鮮古怪，我們才能重新創造，並將更好的未來留給後世。

致謝

感謝吉米・卡崔德（Jimmy Kaltreider）協助構思本書。

感謝羅伯・莫洛（Rob Morrow）、史考特・諾蘭（Scott Nolan）和麥可・索藍納（Michael Solana）共同設計史丹佛大學課程，我們從這裡起步。

感謝克里斯・巴里斯－藍姆（Chris Parris-Lamb）、蒂娜・康斯特伯（Tina Constable）、大衛・卓克（David Drake）、塔裡雅・克隆（Talia Krohn）、耶利米・侯爾（Jeremiah Hall）精心指導本書出版。

最後感謝提爾資本公司（Thiel Capital）、創辦人基金、祕銀創投公司（Mithril）與提爾基金會（Thiel Foundation）努力與聰明的每位成員。

讓我們繼續努力。

插圖版權聲明

本書的插圖由貝克（Matt Buck）依據以下的資料照片繪製

圖 8.2 ： *Unabomber*, Jeanne Boylan/FBI composite sketch

圖 8.2 ： *Hipster*, Matt Buck

圖 13.5 ： *Brian Harrison*, Business Wire

圖 13.5 ： *Elon Musk*, Sebastian Blanco and Bloomberg/Getty Images

圖 14.6 ： *Richard Branson*, Ethan Miller/Getty Images

圖 14.7 ： *Sean Parker*, Aaron Fulkerson, flickr user Roebot, used under CC BY-SA

圖 14.8 ： *Elvis Presley*, Michael Ochs Archives/Getty Images

圖 14.8 ： *Michael Jackson*, Frank Edwards/Getty Images

圖 14.8 ： *Britney Spears*, Kevin Mazur Archive 1/WireImage

圖 14.9　：*Elvis Presley*, Tom Wargacki/WireImage

圖 14.9　：*Michael Jackson*, David LEFRANC/Gamma- Rapho via Getty Images

圖 14.9　：*Britney Spears*, New York Daily News Archive via Getty Images

圖 14.10：*Janis Joplin*, Albert B. Grossman and David Gahr/ Getty Images

圖 14.10：*Jim Morrison*, Elektra Records and CBS via Getty Images

圖 14.10：*Kurt Cobain*, Frank Micelotta/Stringer/Getty Images

圖 14.10：*Amy Winehouse*, flickr user teakwood, used under CC BY-SA

圖 14.11：*Howard Hughes*, Bettmann/CORBIS

圖 14.11：*magazine cover*, *TIME*, a division of Time Inc.

圖 14.12：*Bill Gates*, Doug Wilson/CORBIS

圖 14.12：*magazine cover*, *Newsweek*

圖 14.13：*Steve Jobs*, 1984, Norman Seeff

圖 14.13：*Steve Jobs*, 2004, Contour by Getty Images

國家圖書館出版品預行編目（CIP）資料

從 0 到 1：打開世界運作的未知祕密，在意想不到之處
發現價值 / 彼得 . 提爾（Peter Thiel），布雷克 . 馬斯特
（Blake Masters）著；季晶晶譯 . -- 第一版 . -- 臺北市：
天下雜誌，2014.10
　　面；　公分 . --（天下財經；267）
譯自：Zero to one : notes on startups, or how to build the
　　　future

ISBN 978-986-241-953-3（平裝）

1. 創業　2. 創意

494.1　　　　　　　　　　　　　　　　　103017652

訂購天下雜誌圖書的四種辦法：

◎ 天下網路書店線上訂購：www.cwbook.com.tw
　　會員獨享：
　　1. 購書優惠價
　　2. 便利購書、配送到府服務
　　3. 定期新書資訊、天下雜誌網路群活動通知

◎ 在「書香花園」選購：
　　請至本公司專屬書店「書香花園」選購
　　地址：台北市建國北路二段 6 巷 11 號
　　電話：(02) 2506 － 1635
　　服務時間：週一至週五　上午 8：30 至晚上 9：00

◎ 到書店選購：
　　請到全省各大連鎖書店及數百家書店選購

◎ 函購：
　　請以郵政劃撥、匯票、即期支票或現金袋，到郵局函購
　　天下雜誌劃撥帳戶：01895001 天下雜誌股份有限公司

＊ 優惠辦法：天下雜誌 GROUP 訂戶函購 8 折，一般讀者函購 9 折
＊ 讀者服務專線：(02) 2662-0332（週一至週五上午 9：00 至下午 5：30）

從 0 到 1

打開世界運作的未知祕密，在意想不到之處發現價值

Zero to One: Notes on Startups, or How to Build the Future

作　　者／彼得‧提爾（Peter Thiel）、布雷克‧馬斯特（Blake Masters）
譯　　者／季晶晶
封面設計／Michael Nagin
封面完稿／三人制創
責任編輯／蘇鵬元

發 行 人／殷允芃
出版部財經館總編輯／吳韻儀
出 版 者／天下雜誌股份有限公司
地　　址／台北市 104 南京東路二段 139 號 11 樓
讀者服務／（02）2662-0332　　　傳真／（02）2662-6048
天下雜誌 GROUP 網址／ http://www.cw.com.tw
劃撥帳號／ 01895001 天下雜誌股份有限公司
法律顧問／台英國際商務法律事務所‧羅明通律師
印 刷 廠／中原造像股份有限公司
裝 訂 廠／臺興印刷裝訂股份有限公司
總 經 銷／大和圖書有限公司　　　電話／（02）8990-2588
出版日期／ 2014 年 10 月 7 日第一版第一次印行
　　　　　 2015 年 3 月 10 日第一版第十次印行
定　　價／ 360 元

ZERO TO ONE by Peter Thiel With Blake Masters
Copyright © 2014 by Peter Thiel
Published by arrangement with The Gernert Company, Inc. through Bardon-Chinese
Media Agency
Complex Chinese Translation copyright © 2014 by CommonWealth Magazine Co, Ltd.
ALL RIGHTS RESERVED

書號：BCCF0267P
ISBN：978-986-241-953-3（平裝）

天下網路書店　**http://www.cwbook.com.tw**
我讀網　**http://books.cw.com.tw**
天下讀者俱樂部　Facebook **http://www.facebook.com/cwbookclub**

本書如有缺頁、破損、裝訂錯誤，請寄回本公司調換